亲近母语研究院 /编选

点灯人说

广西师范大学出版社·桂林·

总　序

可以选择很多角度，来描述亲近母语的发展历程，但课题研究和实验，一定是最根本最适合的角度。

如果从 2001 年亲近母语正式立项为江苏省教研室重点研究课题算起，亲近母语课题研究已经走过了 18 年的历程。即使从 2003 年全国教育科学规划课题算起，亲近母语课题研究也已经走过了 15 年的路途。

1999 年，在经历上个世纪末的语文教育大讨论后，国家启动了第八次基础教育课程改革。我还清晰地记得，2000 年底读到《语文教学大纲（试用修订版）》时欣喜而振奋的心情。

2001 年 7 月发布的《全日制义务教育语文课程标准（实验稿）》，第一次明确了课外阅读量，义务教育阶段必须达到 400 万字，小学阶段必须完成 145 万字。同时明确了小学和初中应该背诵的古典诗文和推荐阅读的经典名著。作为一个少年时代被阅读启蒙，被文学点燃的中师生，一个在八十年代文化环境下，幼稚地思考着中国小学语文教育应该走的道路的教育研究者，一个陪伴儿子在亲子阅读中成长的年轻母亲，我不希望将要上小学的儿子，和无数可爱的孩子们，每天都在学教材、做无聊习题的语文学习中长大，童年没有阅读，不能享受母语的温暖和美好。

如何真正落实课标提出的阅读量，让孩子们在童年享受阅读的快乐，进而热爱我们的母语？2001 年亲近母语总课题组成立。2001 年，几乎和《新语文读本》同时，亲近母语总课题组研发的《新启蒙教程》出版。这是后来，亲近母语开发的自读课本——

《全阅读》《我的母语课》的雏形。让老师们在教学语文教材之外，每周上一节阅读课，用好亲近母语读本，带领孩子们进行更广泛的阅读。我们邀请梅子涵老师来到宝应，为亲近母语的实验老师们讲述图画书，讲述儿童文学。我们发布了中国第一份小学生分年段的阅读书目，倡导更多的小学语文教师在自己的教室里，为孩子们点起一盏灯，带领孩子们阅读图画书，阅读儿童文学。

亲近母语课题研究和实验，迅速得到全国各地的认可和响应。2003 年 11 月，亲近母语被立项为全国教育科学规划“十五”课题。《中国教育报·读书周刊》以整版报道了亲近母语实验的理念和实践探索。

2004 年，亲近母语策划和发起了第一届中国儿童阅读论坛，邀请顾黄初、梅子涵、朱自强、商友敬、李庆明、窦桂梅、周益民、何绮华等众多语文教育史、儿童文学、儿童文化、语文课程论等方面的专家学者和特级教师参与，研讨在小学语文课程中实施儿童阅读的理念和实施路径，展现亲近母语课题研究和实验取得的成果。第一届论坛就有来自全国各地的五百多位校长和老师参与。

在第一届论坛上，亲近母语总课题组推出了两本实践研究专著。一本为由我本人和刘咏春老师共同编著的《亲近母语儿童阅读教育课程研究和实践》。虽然不够成熟，但初步概述了亲近母语的理念、课程建构以及相应的教学实践探索。一本为岳乃红老师的《班级读书会 ABC》，为中国大陆最早的表述如何在班级开展读书会，进行整本书阅读和教学的专著。

2001 到 2006 年，是亲近母语课题研究的第一个五年。“十五”期间，课题研究致力于将儿童文学引入小学语文课程，在儿童阅读推广、突破原有小学语文课程和教师培训的模式、建立多方对话的格局等方面，取得了一定的进展，产生了全国性的影响。

2006年，亲近母语国家级课题结题。以田慧生教授为组长，由顾黄初、成尚荣、梅子涵等组成的专家组，给予亲近母语课题研究和实验很高的评价，他们认为："该项研究认真、扎实、有效、成功，而且具有原创性，体现了开拓精神。"2007年，亲近母语获得江苏省第二届教育科研成果一等奖。2007年，北京师范大学出版社推出亲近母语总课题组的第二批实验总结成果，分别为：薛瑞萍的《我们班的阅读日志》，岳乃红的《班级读书会ABC》，余耀的《由图画书爱上阅读》，邱凤莲的《大声读给孩子听》，丁筱青的《儿童阅读的心灵地图》，周益民主编的《上读书课啦》，全面展现了亲近母语总课题组在整本书阅读和教学、图画书阅读和教学、班级阅读活动开展等方面的成绩。这套书是国内较早一批真正意义上的儿童阅读指导丛书，系统地总结了2001年以来，深刻影响小学语文教育教学和儿童文学创作及出版、亲子阅读等领域的儿童阅读实验成果。

在亲近母语"十五"规划课题研究的基础上，亲近母语"十一五"研究课题定名为"儿童阅读的理论和实践研究"。课题致力于构建儿童阅读的课程体系。"十一五"期间，亲近母语的儿童诵读、班级读书会、读写互动、图画书教学和讲述、基于儿童的小学语文课程的构建等实验项目获得长足的发展，课题点燃了一批优秀的小学语文老师的热情，他们在自己的教室、学校，积极开展儿童阅读，并积极带动更多的老师和学校、家庭，加入到儿童阅读的行列中来，儿童阅读逐渐走向蓬勃。

2011年，北京师范大学出版社又推出了亲近母语总课题组的四本研究成果，分别为丁云老师的童诗课堂探索专著《儿童天生就是诗人——儿童诗的欣赏与教学》，亲近母语儿童写作项目负责人邵龙霞老师的《儿童也能写作》，亲近母语图画书项目负责人刘颖老师的《我的故事讲给你听——从阅读到讲述》，薛瑞萍老师的

《把世界带进教室——薛瑞萍教育教学讲演录》。

在前面十年课题研究和实践的基础上，经过多次专家学者和总课题组的论证，2011 年，亲近母语确立了“十二五”研究方向——回到亲近母语研究最初的出发点，将前十年儿童阅读研究的成果，引进小学母语教育课程建设，努力探寻和构建以儿童为本位，从阅读出发，以母语抵达的母语教育课程体系。和儿童、教师、家长一起努力，用母语为儿童营造温暖的精神的怀抱，促进儿童听说读写能力的发展。

2015 年 8 月，亲近母语在多年试用和实践的基础上，发布了《亲近母语儿童阅读课程方案（修订版）》，以及各个具体课程的实施方案。全面系统地阐述了亲近母语总课题组的儿童阅读课程体系，并且在多年探索的基础上，发布了线上线下结合，进行亲近母语儿童阅读师资培养的“点灯人大学”计划。亲近母语实验以系统的书香校园解决方案为形态，为学校提供优质的阅读文化建设、阅读课程设计和师资培养等专业服务，从而走向了更多的学校和区域。

从 2017 年开始，国家逐渐进入统编教材时代。统编教材加大了传统文化教育的比重，同时吸收了十多年来儿童阅读推广的成果，将整本书阅读列入了语文课程体系。在新的时代，亲近母语“十三五”课题在前期研究和实践的基础上，果断将“如何落实国家课程标准，教好统编教材，做好课内外统整教学，实现从课内到课外的拓展，如何加强传统文化教育”纳入课题研究和实验的重要内容，并重新修订和发布了《亲近母语课程实施方案》。

本次出版的这套书，是亲近母语课题研究和实验的第四批研究和实践成果；是近十年来，亲近母语课题的研究和实验成果的一次较为全面的展示。

《亲近母语：儿童本位的小学母语课程构建》是我本人对亲近

母语十多年来研究和课程构建、教学探索，试图所做的一次理论阐述。

《和孩子一起日有所诵》是孔晓艳老师十二年来，陪伴孩子们日有所诵的记录和思考。

《丁云的童诗课堂》是丁云——这位颇有影响的诗人老师，十多年来自己读诗写诗，并带领孩子们读书写诗的实践记录。

《从整本书精读到群书阅读》是吉忠兰老师从一个乡村教师的大声读开始，所进行的各种关于整本书教学的探索的足迹。

《主题阅读的教与学》是徐世赟老师如何进行课内外整合和主题阅读的行与思。

《老付拆书》是付雪莲老师这些年来，运用可视化工具，进行整本书阅读的尝试。

《书香校园建设经典案例》和《整本书教学设计精选》是这些年涌现的一些优秀的书香校园建设和整本书教学的案例精选。

《点灯人说》则是一批亲近母语课题实验老师的教育叙事，讲述他们如何和孩子们一起阅读，一起成长的故事。

这些成果的背后，都是一个个活生生的人，一个个希望用阅读去点亮儿童生命的点灯人，一个个活泼泼的，不甘平庸，有精神追求的母语老师。这些书，记录了他们的遇见，他们的阅读，他们探索中的悲辛，他们成长中的喜悦和痛苦。而这些真实的群像，勾勒出了十多年来，中国大地上波澜壮阔的儿童阅读推广的历程，写就了对小学母语教育的重新认识和建构的过程。

真诚感谢广西师范大学出版社的刘广汉先生和刘美文老师，对亲近母语和这套实验成果的出版支持。

在我看来，这一切刚刚开始。所以，我认为，这套丛书是一个完全开放的体系，是一个正在展开的召唤结构。它等待着一个个点灯人、一个个精神发光的母语老师，从教育的田野里走来，走进这个开放的行列中来，一起探索，一起开创属于这个时代的母语教育。

我在这里等候你们。

目　录

遇见阅读，遇见教育又一春

宁夏回族自治区银川市兴庆区回民二小　白霞玲

白霞玲，宁夏银川兴庆区回民二小教师，市级骨干教师，儿童阅读推广人，亲近母语培训师，亲近母语公益导师。作为一位普通的语文教师，一位忠实的儿童阅读践行者，她说，和孩子们阅读如春园之草，不见其长，日有所增。她坚持“用母语的方式教语文”，日有所诵，日有所得，小步前行……

在阅读中寻找榜样，靠近那些伟大的灵魂。

——题记

点灯的人

［英国］斯蒂文森

茶点快准备好了，太阳已经西落，
这时候，可以在窗口见到李利走过身旁；
每晚，吃茶点的时候，你还没就座，
李利拿着提灯和梯子走来了，把街灯点亮。

汤姆愿意当驾驶员，玛利亚想航海，

我爸爸是个银行家，他可以非常有钱；
可是，等我长大了，让我挑选职业，
李利呵，我愿意跟你去巡夜，把一盏盏街灯点燃！

只要门前有街灯，我们就很幸福，
李利点亮了许多盏，又点亮一盏在我家门口；
你手拿提灯和梯子，别忙着走过，
李利呵！今晚瞧一眼这个孩子，向他点点头！

（屠岸　译）

这首诗是在2018年9月4日开学的那一天，我们拿到第五版《日有所诵》时，我和孩子们诵读的第一首诗，我们用这首诗开启了新学期的诵读，也开启了孩子们六年级的生活。我希望这诗意的开始，带给他们诗意的生活。

第一次听梅子涵老师诵读这首诗时，我就深深地爱上了它。在那盏红台灯前，亲爱的梅老师悠悠道出那充满魔力的话语——“那个每天太阳落下后，就扛着梯子走来，把街灯点亮的李利。于是，那些坐着喝茶的大人和孩子们，就又看见了窗外，柔和的光，朦朦胧胧间，使一天的生活有了完美的心情。我老说，我们这些人，是有些像李利的，也是点灯的人，把一本本有趣也耐人寻思的书，带到孩子们的面前，让他们兴致勃勃地阅读，朦朦胧胧间，竟然使他们一生的日子都有了方向。我们点了很多盏让人长大的灯，让人优秀、优雅和完美”。这是2016年中国儿童阅读论坛上，梅老师的开场。那年、那月、那人、那语言，让我心潮涌动，终生难忘。

我的故事从一个信念开始……

犟龟的信念

那是在2014年年初，我参加宁夏回族自治区主题班会赛课的海选。完成比赛，送走了意犹未尽的孩子们之后，我坐到了教室的后面，正准备听下一位参赛者的课。有一位评委向我走来，她笑盈盈地跟我聊天，说了这样一句话："白老师，你真了不起，都这么大年龄了，还出来讲课。在我们学校像您这个年龄的老师根本不可能出来讲课……"是，在我们这个小地方有一个不成文的规定，任何一个比赛课，都是给35岁以下的年轻人准备的，很少有35岁以上的老师能够参加这些比赛，也很少有35岁以上的老师还愿意去参加比赛。后来在这场比赛中我一路过关斩将，荣获自治区一等奖，我用自己的实力证明了35岁并非教育教学生涯的巅峰。尽管成绩很好，我还是觉得，内心非常彷徨。那位评委无意中的话语其实深深地刺痛了我：难道说过了35岁，我们的教育人生就定型了吗？我们就再不能有新的突破了吗？我该选择怎样的教育生活？在这样的彷徨中，我遇到了《犟龟》。"只要坚持，一步一步总能走到的！"淘淘在不断地告诉自己和所有的人。我便向淘淘学习，不断地挑战着自己。我参加心理咨询师的学习，拿到了三级的证书；我将吟诵带入课堂，上出不一样的古诗课堂；我参加各种课堂教学比赛……我一次又一次地证明了在35岁甚至40岁以后，人依然是可以学习，可以进步，可以成长的。我用犟龟的信念破除了"35岁"这个职业魔咒！

一个习惯

我个人有晨起诵读的习惯，这个习惯是我的小学老师帮我养成的。时至今日，我依然怀念我那金黄的、高高的沙梁，我的小学时光的每个早上都在那里朗读——和着鸡鸣，和着羊咩，和着老支书的笑声。这样的乡野生活，练就了我朗读的童子功。后来，我虽然随父母到城市生活学习，但是诵读的习惯从未改变。当我有了自己的学生，有了自己的孩子，我还把这个习惯传递给了他们。就是这样一个小小的习惯，让我与《日有所诵》结缘。2009年在兰州听到周益民老师的《颠倒歌》，于是有了尝试改变传统的教学模式的欲望。2010年在书店里偶遇《日有所诵》，买回来和孩子一起读着玩，帮他巩固诵读习惯，越读越觉得好，想在班里让孩子们读，但是学校当时对于教师推荐教辅材料的禁令让我这个小小老师望而却步。直到2014年金秋，我们再次相遇，从此便不再分开。

两个“重要他人”

生活就是一个个选择的过程。在这众多的选择当中，与什么样的人在一起，对我们的生活，以及对我们想成为什么样的人，有着非常重要的影响。

2014年那个夏天，与海外中国教育基金会的相遇，与刘倩老师和孔晓艳老师的相遇，与儿童阅读相遇，让我看到了我教育生涯的第二春，找到了破除职业魔咒的钥匙。这个过程中我遇到了很多伙伴，我们携手并进，一路前行，且歌且舞，且思且行。2014年在河南栾川，海外中国教育基金会儿童阅读种子教师训练营三天两夜的“魔鬼式训练”，是体制内教师培训从来没有过的，而我们的学习热情和主动性也是体制内培训从未有过的。孔老师的精深、博学、执着，刘老师默默支持的目光、微笑无不影响着现场的每一位老师。我至今记得孔老师挂在嘴边的两句话：“功不唐捐”“十分功德，上路八九”。带着这样的一份信念与热情，我投入到了儿童阅读推广的活动中来。我带孩子们进行日不间断的诵读、每周一歌的吟诵，后来建立班级图书角，开展全班共读、亲子阅读，乃至全校的亲子大讲堂。这样一步一个脚印，慢慢地，我的阅读推广走出了我的教室，走向了更多的教室——兴庆区唐徕回民小学、回民实验小学、兴庆区西夏区回民小学、宁夏海原地区……我和我的伙伴们走到哪里就在那里播下阅读的种子，并且我们专一技之长，诵读、绘本、整本书……我们已经形成了这样的一个团队，伙伴们总说要和我一起走，再创辉煌。

一切的一切，于我而言就是破除魔咒的钥匙，刘倩老师和晓艳老师将我们这些种子撒在地里，却也不忘除草施肥：2015、2016年连续两年，刘倩老师和晓艳老师都给我们提供了锻炼的机会，督促我们进行校本培训、区域培训；2017年还将我带到亲近母语这个更大的平台，认识了那么多我只在书里读到过的老师、阅读推广人、教授、专家。

感谢生命中的这两个重要的他人。

一个班级

薛瑞萍，在《给我一个班，我就心满意足了》这本书的自序中，这样写道：“很累很烦。待坐在电脑的跟前，头常是微胀的。工作是艰辛——往往也是孤独的。可是，于飞尘的间隙也有清风，于喧嚷的中间也有乐声，于荆棘的从中也有野芳。我是特意捕捉了清风、乐声和野芳，录在这里，专门用于鼓励自己，就算是不定期地给自己献一朵小花吧——真诚美丽的文字，正是心灵开出的花朵。也有沉重和迷惘。但我的文字，往往略掉了疲惫、沮丧和困苦——无涉乎诚实、全面与否，这是我的选择——有意地，我将目光投在了值得的地方。”

行走在儿童阅读的路上，我也将目光投在了值得的地方。

我们班的阅读课程，我想不能不说的就是儿童诵读课程——日有所诵。《日有所诵》，改变了我们的生活，改变了我们的学习。每一个晨光熹微的时刻，我们都用日有所诵来开启一天的学习。

日有所诵，陪着我和我的学生们已经走过六年的时光。这样一道算术题经常在我的脑海中闪现：$16 \times 5 \times 2 \times 6$。16 个单元，一个单元 5 篇，上下两卷，一学期 160 篇诗词文赋，六年里该是多少呢？960 篇。简单的事情重复做，简单的事情不间断，它便不再简单。泰戈尔说：“小草呀，你的足步虽小，但是你拥有你足下的土地。”日不间断的诵读就是这足步微小的小草，虽然微小，却也擎起一片绿意。日不间断，缓坡上行，诵读的是诗文，练就的是心性，我想这也便是日有所诵的另一层含义吧。

关于《日有所诵》的具体操作，我的做法是：每周一个单元，每周一次通讲，每周一次记录。这种固定的节奏，让日有所诵更容易长在孩子们的身体里。

每周一个单元，每天早上 15 分钟，当周内容读两遍，如果时间有宽裕（对于低中年级时间是宽裕的）就顺势回读前一个单元，既熟悉新内容又复习着旧的内容，孩子们也不会觉得枯燥单调。有的时候，对于前一单元熟到可以背诵，他们便一边背诵一边准备着第一节课的学习用品，丝毫不影响诵读的节奏。15 分钟的诵读看起来不长，然而日复一日的重复，熟读成诵也就成了必然。

每周一 25 分钟的午读时间是我固定的《日有所诵》通讲时间。在通讲中，要做的主要是疏通词句，扫除阅读障碍，适当讲解，适当地诵读指导，为一周的诵读做好准备工作。因为高年级的篇幅较长，为了节约时间，我是习惯于让孩子预习的，但是这个预习并非硬性规定，有的孩子做不到也不强求，有做得好的孩子带动，疏通词句基本就交给学生来做。适当讲解要讲到怎样的程度呢?《日有所诵》的出版说明中有这样一句话："孩子对作品只要大致理解、粗知大意即可，不必字字都落实。"看起来寥寥几语，实践起来却也不容易。我们往往会发挥自己的特长，喜欢品词析句，结果把《日有所诵》通讲上成了诗歌欣赏课。我的理解是,《日有所诵》以诵读为主，即便是讲也是贯穿于诵读之中的。薛瑞萍老师的诵读课里有这样一段论述："所有问题随机穿插于朗读，且与朗读融为一体……朗读与讨论中间，不是切换，而是从一个梦境滑入另一个梦境。"因此带孩子们进行诵读的同时，还是要严格控制自己讲解的欲望。我的做法是一个单元确定一篇重点，一篇次重点，其他篇目就是读通读顺即可。有时候我也会在日常的诵读中穿插一些讲解讨论，但基本是以学生诵读为主。

每周一次记录。这个记录可以是通讲过程中的精彩点、生发点，可以是自我教材研读的心得，也可以是总结一些方法得失，内容形式都要灵活才好，否则会让自己感到一种压力，从而产生阻抗。我的记录之一如下：

> 教育的出发点应该是让每一个儿童成为最好的自己，儿童的诵读应该是"有我"的诵读，他们在诵读中享受母语，享受阅读的喜悦，享受生命的成长。儿童诵读的过程，是他们小小的生命之流，融入民族文化、人类文化的河流的过程。从儿童学习母语的需要出发，亲近母语精选的经典的、诗性的文本，让儿童在日不间断的诵读中体会语言的节奏和生命的节律。《祝福》就给了孩子们一个全新的视觉冲击：生命是神圣与伟大、纯洁与美好的，当一个新的生命来到世间，我们如何去迎接？——《祝福》。我们在读到这首诗时，让孩子们将这

首诗送给自己的父母，并请家长和孩子一起读，写下家庭诵读记录。有一位生了二胎之后和老大关系一直很紧张的妈妈，发给我的记录这样写道："老师，谢谢你的作业，谢谢泰戈尔的《祝福》，当我抱着女儿听完儿子的诵读时，开心（孩子的乳名）轻轻地走过来拥抱了妹妹。这一刻起，孩子一直以来对妹妹的厌恶消失啦，我也情不自禁地将两个孩子紧紧抱在怀里，许久……"诗歌，疗愈了这个家庭，也给了老师无限相信文学的力量，无限相信诵读的力量。

除了《日有所诵》，孩子们最喜欢的就是吟诵课。每周一诗，成为我们午读时光的最美声音。《望庐山瀑布》是孩子们学的第一首吟诵，我用吟诵的方式将这首诗呈现给孩子们的时候，孩子们惊呆了，我说谈谈吧，孩子们便开始谈起这声音带来的感受，谈得最多的是从声音里感受到的画面，从"烟"这个长平字中看到香炉峰上云雾弥漫，仿佛人间仙境；从"直"这个入声字仿佛看到瀑布飞泻而下，势不可当……这样的讨论让孩子们爱上了吟诵，我们一首一首地吟唱，《望天门山》《春宵》《鸟鸣涧》《宿新市徐公店》《长相思》……我们吟啊我们唱，那些诗词便在我们的吟唱中活了起来，和孩子们的身体长在了一起。

我们还有整本书的阅读。在我的学校，日有所诵、整本书阅读是写在课表里的，每天早读的 15 分钟是固定的日有所诵时间，每周三下午的两节课是整本书阅读、绘本故事时间。五年级，我和孩子们共读《龟背上的花纹》《黄花梨棋盘》《秦乐的陶俑》，追寻中国文化的足迹；六年级，我们共读《鲁滨逊漂流记》《汤姆·索亚历险记》，感悟生存之道也学会了面对逆境乐观应对；共读《毛毛》《失落的一角》《秘密花园》，时间、追寻、成长成为讨论的中心话题。

一路点灯，一路成长

梅老师的演讲中有这样一段打动了在场的每一个人的话：“当我们总是为自己点灯的时候，我们就拥有了为儿童和社会点亮的永久的点火器了，就有了永远用不完的火柴、蜡烛和各式各样的灯盏！我们自己灿烂了，我们面前的儿童才会灿烂；我们如果灰暗，那么我们的灰暗就成了儿童的灰暗背景！老师，成年人，你本身便是儿童的灯盏！”我的成长也正是这样的，2014 年自己在懵懵懂懂中边走边学，边学边走；2015 年初次走上舞台，用自己的实践影响身边的人；2016 年有幸成为海外中国教育基金会乡村种子教师阅读营初级培训师，和来自全国各地的种子教师们共同学习、共同成长；2017 年以来，参加亲近母语点灯人飞翔计划，继而成为点灯人会员专享课程二期、三期导师，星星点灯公益导师，亲读会导师……在此特别感谢和我一起承担课程的老师们！在你们身上，我学到了更专业的儿童阅读教学经验，更学到了点灯人博爱无私的精神！

大手牵小手　浸润书香中

福建省福鼎市秦屿中心小学　陈秀英

陈秀英，福建省福鼎市秦屿中心小学语文教师，亲近母语星星点灯计划一期优秀教师，海峡儿童阅读中心特聘研究员，“担当者行动”公益讲师，亲近母语亲读会四年级助理导师。扎根农村教育教学十八年，致力于儿童阅读研究与推广。从2012年开始，她把《日有所诵》、图画书、整本书带进教室，分享阅读乐趣。

蝴　蝶

［英国］迈克尔·布洛克

春天的第一只蝴蝶
身披橙色和紫色
从我的路上飞过

一朵飞行的花
改变了
我生活的颜色

（张文武　译）

我是一名一直工作在一线的乡村老师。现在回头看，如果没有遇到儿童阅读，没有遇到亲近母语，我不知道我会在哪里，日子过得怎么样。儿童阅读、亲近母语，就像那朵飞行的花，改变了我生活的颜色。

一次偶遇，从此结缘

2012 年暑假的一个中午，我翻阅着《小学语文教师通讯》杂志，无意中读到薛瑞萍老师的文章。薛老师不一样的语文教育生活，如磁铁般吸引着我。带着一份好奇，我又上网购买了她的《我们班的阅读日志》《破茧而出的四年级》。薛老师把优秀的儿童文学带进班级，在她的有效引导下，学生快乐、自觉地阅读，师生真实、自由地交流，让我羡慕不已、感动不已。这样的一次邂逅，我遇见了梦想中的课外阅读的教学情景，此时我在心里默默许下一个心愿——我也要像薛瑞萍老师那样做一名自觉的儿童阅读推广人。

应该怎么做，才能让我和我的学生也能幸福地阅读呢？我继续阅读、继续学习。

顺藤摸瓜，我找到了亲近母语的网站。在这里我认识了徐冬梅、梅子涵、朱自强、彭懿、岳乃红老师。我一边阅读着他们的理论著作，一边阅读着他们推荐的儿童文学作品。渐渐地，我对儿童文学有了新的认识——小学语文教学，不应只教一本教科书。虽然那时我与他们素未谋面，但在心里他们早已是我的导师。还有大洋彼岸的《朗读手册》的作者崔利斯先生，《阅读的力量》作者，《56 号教室奇迹》的作者，《书语者》的作者，以及与我们相邻的日本的松居直先生、河合隼雄先生，我和他们从未谋面，但阅读着他们的书，我的内心充满了力量。

在一位位精神导师的引领下，我勇敢上路，开始在班上实践我的阅读课程。每天早上带着孩子们大声诵读《日有所诵》，每天中午和孩子们自由漫步书丛中，师生每人挑一本自己喜欢看的书安静地坐在教室里尽情享受阅读的幸福。每周班级有一节固定的读书课。低年级的时候，我带孩子们读绘本、桥梁书；中高年级了，我就带他们读文字书。

因为阅读，我们师生的心连得更紧了；因为阅读，我们的生活更加诗意了。

星星中队，与书相伴的时光

星星中队，是我工作十几年里唯一一届连续带了三年的班级，感情甚深。孩子们三年级时，我有幸成为亲近母语“星星点灯计划”的第一期学员。在这个项目的大力扶持下，那年我们的语文生活如春天般多姿多彩。为此，我们给自己取名为“星星中队”。下面，我就来说说星星中队一至三年级与书相伴的美好时光。

（一）以心换心，赢得家长支持

教师的教学活动若能得到家长支持将事半功倍，阅读推广更是如此，而低年级孩子阅读兴趣和能力的培养更是需要家长的帮扶。如何赢得家长支持？我是这样做的：

1. 家长会，分享理念

每年接到一个新班级，第一场家长会我总是特别重视、用心准备，而分享亲子共读理念与方法已是固定话题。会上我会用一大半时间分享自己亲子共读的故事，分享古今中外名人的读书故事，分享国内外对亲子共读研究的成果，分享打造书香家庭的方法。为了唤醒更多家长，我还会提前邀请经验丰富的家长现身说法。

2. 微信打卡，互相促进

家长会后，如何让心动落实到行动呢？我要求家长每晚在微信群里阅读打卡，发送当晚亲子共读的照片和图书封面，看着孩子们和爸爸妈妈共捧一本书或坐或趴，或躺或靠，沉醉书中，幸福感油然而生。因为我知道亲子共读是最便宜也是最高贵的养育方式。每周打卡统计后，我会在班队课上用最漂亮的赞美之辞夸奖每晚坚持的家长。放学，孩子们带着自豪与幸福回家，下周坚持的家长必定又增加了几位！

3. 期末评选，树立榜样

期末我们会评选“智慧家长”，参评条件之一是要求家长写一篇亲子共读故事。刚开始，家长觉得为难。农村家长学历不高，多是初中生，要他们“爬格子”确实不容易。我鼓励他们，家长是孩子最好的榜样，家长敢于挑战自我，孩子未来必定也会迎难而上；我宽慰他们，不求文采不求字数只求真实，怎么做就怎么写。渐渐地，一些家长动笔了，我从中选择一些有代表性的发到群里，鼓励更多家长参与。一篇篇真诚的共读故事，是最好的榜样，激励着更多家长；也是最好的案例，传授着实战经验。

（二）多管齐下，打造书香班级

1. 集多方力量，让好书触手可及

农村家庭没有藏书习惯，想靠家庭力量让孩子们读到好书多是不现实的。如何通过打造书香班级，让每个孩子都有机会阅读到丰富、高品质的童书，是我每年接班时都要考虑的问题。

（1）发挥家长力量。家长会后，我会马上发起“乐捐一本享读 60 本”“乐捐 50 元享读 3000 元”活动来创建班级书库。老师提供优质书单，家委帮助购买。开学不到两周，上百册的高品质童书已整齐摆放在书架上。

（2）发挥年段力量。在我的带动下，我所在年段各班也多有优质藏书。每半个学期，我就建议班与班之间互相交换。老师们先互相了解其他班的书单，看看哪些是本班没有的，再互相推荐哪些是深受学生欢迎的。交流协商后，大家就乐呵呵地把书本捧回教室。

（3）发挥公益组织力量。2016年，我个人申请并通过了亲近母语“星星点灯”的项目，他们送给我们班60多本好书。12月我校申请的“担当者行动”的“班班有个图书角”项目也通过了，该项目送给我们每班70多本好书。

班级藏书多了，那怎样最大程度地提高书本借阅率呢？我借鉴了《打造儿童阅读环境》中的理念和做法，并以亲近母语发起的“最美班级书架”评比活动为契机，和孩子们重新布置图书角，制订借阅细则。最后，我们班因设计科学、布置温馨，在比赛中获得第一名的好成绩。

2．教师大声朗读，激发阅读兴趣

光有书，是不够的，还得想办法让他们有兴趣。低年级孩子特别喜欢听老师讲故事。每当我把一本书绘声绘色读给孩子们听时，他们的眼睛总是闪着亮光。老师读过的书本，一定是孩子们的最爱，一定成为近期的“热销书”。孩子们喜欢听，我也爱读，课前读，午间读，讲评课结束读，代课时读，有时在家读到喜欢的，就录音发到群里。因老师的大声朗读，书架上的书本不再寂寞地立着，总是欢喜地被孩子们借阅着。

3．同伴影响，带动更多同学

（1）好故事进教室。二年级，部分孩子的阅读能力渐渐崭露头角。如何让他们成为榜样，带动更多同学呢？我用午读时间在班级开展“好故事进教室”活动。每天午休，请两位同学上台讲故事。低年级孩子不懂得选故事，我就推荐《最美中国童话》，故事性强，内容涵盖面广，非常适合低中段学生。由于故事选得好，同学讲得生动，这套书深受大家喜欢。后来，我又将此活动推广到全年段，让各班故事小能手轮流到其他班展示。一学期下来，我们不但培养了一批故事达人，还推动了全年段的阅读。

（2）好书推荐会。三年级，为了拓宽孩子们的阅读面，提高孩子们的阅读能力，我把“好故事进教室”改成“好书推荐会”。每周固定一节课，以组为单位，主持人、推荐手、评委全权由小组同学自己安排，老师主要在推荐书的品质上把关。每次推荐后，这些书本就成为班级漂流书，可轮流借阅。每月评选一次，哪位同学推荐的书最受欢迎，这位同学就是本月最佳推荐手。持续的力量不可小觑，每周推荐，每月评选，参与的同学越来越多，推荐的图书类型越来越丰富，推荐形式也越来越多样。

4. 给足时间，让阅读随时随地发生

书本有了，阅读兴趣也有了，老师要做的就是给足时间让孩子们真正读起来。在学校，我要求每个孩子书包里都要放一本自己喜欢的书，鼓励孩子们随时随地读。《书语者》作者米勒老师说：“学生在学校读得越多，回家后越有可能坚持阅读。”午读，是孩子们在校能持续默读的最佳时间。为了提高午读效果，我们班定了这样的纪律：不走动、不交流、不换书，持续默读20分钟。回到家，为了保证孩子们有充裕的阅读时间，我们班语文家庭作业常常是年段最少的。寒暑假是孩子们的阅读黄金时间，每年假期，我利用微信群组织孩子们读书。“我最喜欢的一本书”假期阅读交流会，已成为我们班开学第一周的保留节目了。

（三）日有所诵，唱响清晨美妙乐章

每日清晨，我们诵读着亲近母语的《日有所诵》。一二年级，我带着学生变换着不同形式诵读着童谣、童诗，日不间断。小组轮读、小组比赛读、男女生轮读、男女生比赛读、全班齐读、指名读、师生对读，孩子们读得兴致勃勃，乐在其中。每个学期，我们还会举行一次“日有所诵大比拼”活动，孩子们尽情展示诵读风采。诵读之余，我还会指导孩子们仿写创作。期末，我将一首首小诗收集整理，影印成册，作为成长礼物送给他们。

三年级，我推荐了泰戈尔的《飞鸟集》，里面一首首短小的哲理诗，学生读得一头雾水，我却不知如何引导。幸运的是那年我刚好加入了亲近母语的星星点灯项目，遇见了孔晓艳老师。在孔晓艳老师的悉心指导下，我对这一课程有了更深的理解，对《飞鸟集》的教学也有了一些头绪。渐渐地，课堂的气氛变得活跃了，互动的人越来越多了，孩子们的发言有时精彩得让我吃惊。一学期过去了，我们对《飞鸟集》由最先的不知所措变成淡淡的喜欢、朦胧的感悟。那一学期就《飞鸟集》的教学随笔，我记录了近10篇。教学记录是最好的反思，记录中我越发明白了孔老师说的“你在哪里”“学生在哪里”“你们要怎么相遇”，以及统整性问题对学生思维训练的意义。教学相长，我和孩子们一起享受成长的快乐。

（四）师生共读，向阅读更深处漫溯

1．绘本阅读

（1）绘本讲述交流课。绘本讲述交流课是最经常上的，教学流程大致如下：①老师讲述故事，中间穿插两三个问题，目的是引导孩子观察画面中的细节，或让孩子根据情节猜测故事发展方向。通过师生互动，激发学生继续听故事的热情。②师生交流，目的是回顾故事内容、生成意义。③联系生活、升华主题。这里要强调的是，低段绘本教学最重要的环节应该是第一个——老师讲述故事，因为低段阅读最重要的目标是激发阅读兴趣，而讲述

绘本给孩子们听，就是最简单、最低成本、最高效的方法！

（2）绘本主题活动课。有配合刚入学适应小学生活的“我是小学生”主题，有与季节相融的“找秋天”主题，有关注孩子身体变化的“我们都换牙啦”主题，有克服恐惧心理的“打败黑妖怪”主题等。中秋节，一整周我们班就围绕中秋节开展读书活动。周一我给他们讲《安的种子》作者王早早创作的中国记忆系列绘本《中秋节》，每日晨诵课，诵读和月亮有关的童诗、童谣、古诗；每天午读，请一位同学讲和月亮有关的中国神话故事；每天课前，老师推荐一本和月亮有关的绘本；周末布置中秋作业，要求中秋节晚餐或赏月时把中秋的故事讲给家人听，把有关月亮的诗歌背给家人听。

（3）绘本读写课。儿童的语言学习，需要充足材料来滋养。绘本深受孩子喜爱，而且包含丰富多彩的读写资源。一二年级时，我充分利用绘本开展各种有趣的读写活动。有观察图画，扩写故事情节的，如《小蛇散步》《小真的长头发》《好消息坏消息》；有依据句式，仿写故事的，如《跑跑镇》《逃家小兔》《走开，绿色大怪物》；有联系自我，创写故事的，如《我家是动物园》《大卫，不可以》《跟屁虫》等。孩子们特别喜欢这样的读写课程。刚开始，多是孩子画、说，家长代笔；二年级了，他们认识的字越来越多，就自己画自己写。一开始，他们多是画一幅图，配几句话。慢慢地，我引导他们在一张纸上分多格创作，每格都配上一两句话，连在一起就是一个完整的故事。最后，一张纸已不能满足孩子们，我就鼓励他们像作家那样用几张纸创作，并配上封面封底装订成册。我还专门在教室里开辟了一块展示区。课间，孩子们常常围在一起欣赏彼此的作品。

2．整本书阅读

一二年级以绘本为主，整本书相对较少，共读的书目有《大头儿子和小头爸爸》《花田小学的属鼠班》《大大大和小小小历险记》《火鞋与风鞋》《小猪唏哩呼噜》《笨狼的故事》。开展的方式多是以老师每天 15 分钟大声朗读为主，中间穿插猜测想象说话，最后与生活联系谈话交流。没有哪个孩子不喜欢故事，一到共读时间，孩子们总是以端正的坐姿、期待的眼神等候老师。读后拓展活动多是结合故事来画一画、演一演、说一说（复述）。后来受台湾阅读推广人王淑芬老师的《抢救阅读 50 招》启发，共读《笨狼的故事》时，我又引导孩子们自制手偶来说故事、演故事、编故事，孩子们玩得不亦乐乎。

三年级时，我把更多精力放在整本书上，共读的书目有《波普先生的企鹅》《5 月 35 日》《苹果树上的外婆》《鼹鼠的月亮河》《长袜子皮皮》《小女巫》，每一本都是按照导读—自读—交流—拓展四个步骤进行的。

导读课最重要的是激趣，我平时采用的策略有：观察封面质疑猜测，依据目录质疑猜测，选择精彩片段大声朗读，联系生活谈话导入，不管哪种方法最重要的是点燃孩子们的阅读欲望。岳乃红老师说："每个孩子都能把一整本读下来，老师的功德就已修得八分满。"所以我特别重视自读推进，根据文本特点有时设计阅读单来推进，有时用课前 10 分钟大声朗读来推进，有时用微信群打卡来推进。总之，我谨记岳老师的话，想尽办法让孩子们把书真正读起来。

三年级交流课，讨论话题要关注整本书的主要内容、人物的特点，引导学生发现书中的细节，感受人物心理变化等。比如《波普先生的企鹅》，我引导孩子画企鹅生活演出路线图，在小组合作画图中，孩子们不知不觉就把整本书内容梳理清楚了。谈人物时，我设计了"你觉得波普先生和企鹅是什么关系"这一话题，讨论中，孩子们更深刻地体会到人和动物的深厚情谊。

读后拓展延伸是孩子们最期待的。这六本书，我们尝试了各种不同的拓展形式：有观看同名电影讨论同异，有推荐同作家或同主题作品比较阅读，有根据作品续编、仿写等练笔写作，有组织课本剧表演，有给故事配插图、做书签的手工活动。其中最隆重最有趣的要数《长袜子皮皮》。同学们对皮皮做的美食、玩的游戏、讲的谎言很感兴趣，于是我们就举办一场“皮皮牌产品展览会”，将皮皮的游戏精神进行到底。各组设计制作的产品琳琅满目、各具特色！展览会正式开始时，教室里热闹极了！每组成员一半守在展台介绍产品，一半外出参观，15 分钟后交换。吆喝声、介绍声、询问声，合奏成一篇欢快的乐曲。这些多姿多彩的阅读活动，大大丰富了孩子们的语文生活，也大大增强了班级凝聚力。最重要的是，它又一次激发了孩子们的阅读热情。

大手牵小手，浸润书香中。三年里，因和孩子们一起读书，我时常体验着成长的喜悦。三年里，因我的带领，孩子们学会享受阅读。与书相伴，我们的教室虽小却无限广阔。

站在童年和童诗之间

江苏省扬州市邗江区实验学校　丁　云

丁云，亲近母语总课题组核心成员，江苏省作家协会成员，知名诗人教师，江苏省诗教联盟讲师团核心讲师，知名儿童阅读推广人。获2017年冰心儿童文学奖新作奖、首届亲近母语全国小学教师儿童文学征文大赛一等奖、中国童诗首奖、首届“学友园杯”全国中小学幼儿教师儿童文学创作大赛优秀作品奖。著有个人儿童诗集《秋天在田野间散步》《跟着蒲公英旅行》，论著《儿童天生就是诗人》《中国老故事——民俗故事》等。

一列开往远方的火车

无数次我会想起那列火车，那是2005年的火车，一辆开往西安的火车。我们亲近母语课题组去西安参加一次支教活动。车，远方，是和故事相伴的。那时候的我，爱写诗爱阅读，也喜欢陪伴着孩子们一起读书、玩书，把自己学到的一点点东西和孩子们分享。可是，我对自己要去的方向依旧很迷茫。列车在中华大地上驰骋，徐冬梅老师关心地问我将来的发展方向，并给了我一个建议：为孩子写作，写童年的诗歌。

习惯用文字作为出口的我，该如何为童年写作？同行的余耀老师递给我一本诗集《妹妹的红雨鞋》：“小丁，我觉得你可以看看台湾童诗。”一本厚厚的诗集，一个陌生的名字——林焕彰，就这样在一列火车上跑到了我面前。童诗，童年，从此改变了我前行的方向。

在那年的西安黄河小学，我留下了第一次童诗课的痕迹，小小的童诗，充满了想象和猜测，美好而浪漫……

也在那列火车上，有一位同行的小宝宝，他说话有点结巴，可是性子又急，我们经常逗他。受他启发，我写下了几首属于童年的诗歌。

标点符号

丁　云

妈妈是逗号，
整天唠唠叨叨没完没了。

爸爸是冒号，
发号施令威风得不得了。

我是省略号，
说话有点结巴总是惹人笑。

那爷爷呢？
唉！还躺在医院里，
只好当病号。

从那以后，我痴迷在童诗的花园，一去不复返……

一个人，一本书

2005年秋天，一个偶然的机会，我贸然闯进一个网站——中国儿童诗网。在那里，我才发现有很多很多童诗的写作者和教学者；在那里，我也有幸结识了生命中的一个重要他人——雪野先生。

雪野先生创建的中国儿童诗网，是儿童诗诗人和教学者的摇篮。大家在论坛上写作，畅谈诗教经验。在那里，我才知道，原来童诗教学是这般天高海阔、高手云集，也认识了很多同行——雪风、任小霞、史进、雪舟……

那真是一段难忘的学习时光。我开始一边阅读一边创作，并在雪野老师的指导下创作了大量的童诗。后来，由此结集成的诗集《秋天在田野间散步》荣获了中国童诗首奖，组诗《妈妈有多大》也荣获了亲近母语首届儿童文学创作比赛一等奖。

为了更好地推动童诗教学研究，借鉴台湾童诗教学经验，雪野老师成立了中国童诗讲师团，我也有幸成为其中一员，行走在全国各地，把童诗带给孩子们，让孩子去阅读童诗、创作童诗，希望凭借自己的星星之火能够推动童诗教学的发展。

同时，跟随雪野老师，我们组织了中国童诗年会，加强学术研究，让诗教更多元、更开放。2006—2015年，我们分别在江苏、浙江、重庆、广州、福建等地举办年会，进行研讨。2015年中国童诗年会重庆专场专门用了半天的时间对我的儿童诗创作和教学进行了研究，《重庆晨报》《扬州晚报》《扬州日报》《邗江报》对此做了专题报道。这对我有着意义非凡的影响。

于我而言，《日有所诵》的出版也有着特殊的意义。2006年的秋天，徐冬梅老师召开了课题组会议，计划围绕亲近母语诵读课程，开发一套教材。那就是后来影响了一代孩子的《日有所诵》。

我的任务是选出最好的童诗给孩子们阅读。

那是怎样的半年的光阴，从各种渠道买、借儿童诗集，联系雪野先生借阅大量的珍贵的资料……就这样，一只小蚂蚁漫游地球的旅行开始了。

在那半年，我几乎到了走火入魔的地步。在朋友和老师们的帮助下，我有幸读到了很多已经绝版的童诗资料，也尽力去找能够找到的童诗，买能够买到的童诗，我的书柜里大多数都是童诗。我就像一只蜜蜂一下子就深深地扎进了童诗的万花园中，辗转沉迷，不能自已。我聆听亚洲诗人的细语：日本诗人西条八十诗作中对童年的追忆，对亲情的描摹；金子美铃对光明、对希望的追求。印度诗人泰戈尔的深邃与独特的语感。同时感受苏联儿童诗诗人群体的多姿多彩：马尔夏克的童话色彩，巴尔托的童趣盎然，马雅可夫斯基的阶梯式的节奏，米哈尔科夫对童心的准确把握。捷克斯洛伐克作家塞弗尔特的《给妈妈的第一封信》温馨可人，赫鲁宾的《野菊花》弥漫着乡村田野的芬芳。迷恋欧洲童诗园里的浪漫和梦幻，童年的跳跃与语言的闪亮，来自天籁的心灵的独白：雷丁的哲思、米尔恩的童趣、卡列姆的生活气息、罗大里新奇的想象和对生活的准确的把握。惊讶于美洲童诗的绚烂：谢尔·希尔弗斯坦的怪诞和深刻，丹尼斯·李举重若轻的文字，米斯特拉尔对儿童深深的爱恋……就这样，在诗行中与诗人对话，在书页间与童心对接；就这样，一首一首地读，一天一天地读，对于童诗的概貌有了一个粗粗的印象，从林焕彰的《妹妹的红雨鞋》读到金波的《推开窗子看见你》，从《林良的诗》读到《圣野的诗》，从《打开诗的翅膀》读到《笛王的故事》……其间，我还写下了数万字的读诗笔记。埋头读诗，既锻炼了我的眼力，也培养了我的语感，更提升了我阅读的品位。潜移默化当中，我知道什么样的诗才是好诗。堆积如山的诗集锻炼了我的眼力，也使我为孩子们精选出好的诗作成为一种可能。

一个诗社，一个班

在读写的过程中，我开始尝试进行童诗的教学研究和课堂实践，从读开始，一点一点做起来。凭借自己的经验和知识去指导孩子，把自己知道的作家一个一个介绍给他们，从台湾诗人林焕彰、林良开始，一首一首地教孩子们读，教孩子们背。每周一节的童诗课成了孩子们放飞想象的节日。我从最基本的童诗的样子开始教起，分行、节奏、诗意，一点一点渗透，一点一点领着我的孩子们走进童诗。用当时我能找到的童诗集《有礼貌的百足虫》和《宁波儿童诗选》做我的教材，参考网上台湾的教学，领着孩子们读诗写诗，一个学期下来，孩子们也写了不少的诗歌。非常感谢那些编辑们，在《语文周报》上发表了一个专栏的诗作，《儿童时代》杂志上也登出了王开妍的《云》，十几首儿童诗获崇文奖的优秀奖并收入诗集《春天的歌喉》……这一切，对于我这样一个刚刚上路的新手，对于我们班的孩子来说，真是莫大的鼓舞。在短短的一年的教学实践中，我感受到：孩子是天生的诗人，他们缤纷的想象是成年人无法企及的。

十几年来，我带了一届又一届的学生，领着一茬又一茬的孩子读诗、写诗。组建了蒲公英诗社，编印童诗教材，试图依据孩子的年龄特点、已有的教材资源，构建一套相对完整的教材体系，从而让童诗教学课程化。

童诗有着丰富的想象、跳动的节奏、丰富的情感，是孩子们良好的阅读材料。我常常想，如何让童诗教学改良我们的语文教学和课堂。翻开我们的语文教材，能看到许多童诗，但是，真正适合孩子读，贴近孩子生活的童诗不是很多。童诗应该是孩子心灵的歌唱，是来自他们生命深处的声音，是抒发孩子真性情、真性灵的文字。我尝试着选择一些好的童诗教材，用有别于一般语文课的方式来解读，把诗意完整地教给学生，把想象的快乐返还给孩子，在诗意表达和诗意想象中和诗人进行心灵的沟通和对话。同时我也尝试把诗教带进普通的语文课堂，试图构建诗意语文的教学模式。

诗意是文学创作的最高境界。而课堂的诗意，我想应该是我这样的一个诗人教师追寻的方向。艺术是相通的，因此，我也注意到音乐、美术和童诗的相通之处，把音乐的节奏带进童诗，把童诗的画面感和美术融为一体。同时，童诗的美好也可以和孩子人性的真、善、美融为一体。在很多同行的尝试下，我看到了童诗教学可以从课外走进课堂，可以从语文课走入品德课、美术课、音乐课……

在童诗教学的路上，我从一节课开始，从一首诗开始，慢慢启程、慢慢前进。跟着许多专家学者去了浙江的金华、宁波、杭州地区，江苏的南京、兴化、镇江、淮安、常州、昆山、宝应地区，安徽大别山希望小学，江西会昌，福建厦门、安溪、福州地区，四川，重庆，上海，广东广州，云南腾冲、大理等多所学校进行公开教学。我还利用网络平台，在“喜马拉雅”APP上为孩子们读诗，在“宜振谈诗教”“今晚童诗约”和各类微信公众号、微信群里读诗、讲诗，把童诗的美好撒入每个孩子的心田。

在这几年的公开教学中，我感觉自己在不断成长，开始在童诗的创作教学中独具特色，并形成了睿智、幽默、轻松的教学风格。同时，在学校里，我编制阅读教材和活动教材，定期开展活动，组织采风，以自己的班为实验班，扎根在孩子当中，扎根于课堂中，一次一次让童诗的花朵在孩子的心中绽放。

一点研究，一点期盼

一直以来，我潜心课题的研究，从亲近母语子课题研究顺利结题并荣获一等奖，区微课题研究，到目前主持的市级立项课题“童诗的阅读写作教学”，一路前行，一路思考，一路探究。《儿童天生就是诗人》一书成为全国诗教工作者的启蒙之作，并于2017年第四次印刷，课堂随笔《丁云的童诗课堂》于2019年5月出版。同时我的一些文章也陆续在《中国教育报》《阅读》《语文教学》《福建教育》等报刊上发表。诗集《秋天在田野间散步》《跟着蒲公英旅行》先后出版发行，编写的《中国老故事——民俗故事》也深受孩子们喜爱，主编《小学生诗作选读》《日有所诵·幼儿版》《纯美儿童文学读本》等。参加了《新编语文全阅读》《我的母语课》《日有所诵》《我的写作课》《全阅读》《中外童诗诵读100首》等多种文学读本的编写工作。诗集《住在一朵花里》也和福建少儿出版社签约。

最为开心的是，孩子们在童诗的浸润下，也取得了好的成绩。孩子们的诗作频频发表于报刊，如《儿童时代》《小学生作文》《延河》《少年日报》《学习方法报》《阅读》等；不少学生的诗入选《读孩子的诗》《这不是童诗集？》《我爱诗歌》等童诗集。在各类童诗大赛中孩子们也收获颇丰，七彩风童诗童话征文、首届中国童诗崇文奖、福建少儿出版社的“春风十里　不如读诗”、江苏省第二届“童心里的诗篇”童诗大赛、第五届王晟中国儿童诗歌大赛、首届“我爱诗歌”——全国99小诗人评选、中国儿童文学研究会诗歌教育委员会举办的“全国首届童诗大赛”等活动中都留下了学生们精彩的作品。

站在童年和童诗之间，我幸福又迷茫。看得见过去，看不清未来。但是，我知道，未来是我要经过的地方，我只是凭着一颗赤子之心，去做好自己，去做好一辈子里最喜欢的一件事。

你有世界上最珍贵的种子

广东省珠海市香洲区甄贤小学　付雪莲

付雪莲，亲近母语总课题组核心成员，全国“亲读会”阅读总导师，著名儿童阅读推广人，2018年“阅读改变中国”年度点灯人，广东省骨干教师。曾受教育部委派赴澳门做课程指导，获“优秀指导教师”荣誉，参加广东省小学语文教师课堂教学大赛获特等奖。提出“拆书十件套”“书册课程包”等理念，制定“小学生整本书阅读基本学力”纲要。

一

2014年的秋天，我永远也忘不了。

刚结束澳门的工作，带着对同事的依依不舍之情，我拖着两大箱子的书和少量的生活用品来到珠海。

没人了解我过去的成绩，一切都要从头开始。

那是我在珠海工作的第一所学校。

二年级本来没有八班，班级学生是从其他七个班抽过来的。

开学那天，不大的教室被吵闹的孩子和怨气十足的家长们填得满满当当。

最后一个进教室的小男孩站在讲台上一动不动，他咬着嘴唇，满脸泪水。

他的妈妈把调班信息表摔到我的手上，情绪激动地对我说："我们这可都是好学生，却抽到你们班来了！孩子一直哭，不肯来，你看怎么办吧！"

本来吵闹的教室瞬间安静了，教室后面有几个男家长还不合时宜地笑出了声。

所有的人都在看着我。

我回头看着讲台上已经哭出鼻涕泡儿的小男孩，还是没忍住，笑了。我对他说："我觉得你很优秀，不是因为你妈说你是好学生，而是因为你有情有义。你一定要记得今天你哭的这个版本，将来我不教你了，你也要照着这个版本哭，必须也得冒这么大的鼻涕泡儿……"

书对于一个爱阅读的人来说，真的既是软肋，又是铠甲。

我没有安抚家长的情绪，也没有管束嬉闹的孩子，甚至都没提开学要求，我只是把 U 盘插进电脑，从 500 多个绘本 PPT 中选了一个讲给他们听。

那个绘本的名字叫"安的种子"。

当时教室安静极了，我轻轻地念给他们听，也念给自己听。

念完故事，我指着小和尚安的布口袋说，跟本和静比，安不在乎这粒种子吗？不是，他可是把它小心地放在布袋里，然后一直挂在胸前的心口位置，这粒种子一直都在他的心上。

可是安不急着要第一个种出莲花，也不刻意去找金花盆、最名贵的药水和花土。安只是像往常一样做饭、挑水、散步，等春天来了，在池塘的一角种下种子，等待盛夏的清晨，莲花盛开。

万物自有规律，你要给孩子时间，要给自己时间，也要给我时间。

我给他们看了我在过去十年所获得的 40 多个省市获奖证书的照片，还有和以前学生的毕业照、活动照。

我说，这些成绩都将是过去，从今天起翻篇，我不会再提，因为我现在只和你们有关系。

一个月后，如果你不满意我，不满意八班，我自己去找校长把你的孩子调回原来班级。

珠海对于我来说，除了过澳门的拱北关闸，我哪儿都不认识。

在这儿，我没有朋友，没有家人。

但是从今天起，八班的孩子和家长就是我的朋友，我的家人。

以后不许再说“你们班”。

要说“我们班”。

坐在下面的孩子使劲儿鼓掌，很多家长早已泪眼婆娑。

工作这么多年，我没有学会任何可以收服学生的招数，如果非得说有，那就是给孩子们读一本又一本的好书吧。

学校要求每个班级进行班级文化建设，评比最美教室。家委会询问我的意见，问要不要多买点装饰品，墙壁要不要喷绘上漂亮的图案。我想了想说，阿根廷著名的盲人作家博尔赫斯曾经说过：“上天给了我浩瀚的书海，和一双看不见的眼睛，即便如此，我依然暗暗设想，天堂应该是图书馆的模样。”最美的教室应该是图书馆的模样吧！

家委会听了我的话，一点儿没客气，买回来八个大书架，按照我给的书单，全填满了。

孩子们越来越安静，因为根本没有时间浮躁，他们还要听付老师讲好听的故事呢。

孩子们越来越爱看书，因为付老师会根据主题设置整本书全课程，与数学、美术、音乐、体育、英语、计算机老师一起商讨如何通过项目式活动提高他们的阅读力、思维力、审美力、协调力、表达力。好书太多了，活动太好玩了，忙得没时间淘气了。

一年过去了，没有家长来找我要将孩子调回原来的班。

我在家长会上讲的故事，说的话，甚至成了八班家长们炫耀的资本。

那一年，我们班评上了最美教室。

那一年，我们班期末考试年级第一。

从不被认可到被接纳、被喜爱，是书帮了我，是阅读帮了我。

时光荏苒，学生们渐渐长大，脱离最初阅读兴趣的形成、识字不多的束缚，他们对书的质量、对课程的要求更高了。

为了跟上孩子的发展步伐，我把阅读童书当作每天的功课，把阅读儿童文学理论当作主要的阅读方向。当我将几十本国际上颇负盛名的大咖专业书啃下来后，我终于突破原有的理论天花板，开始建构属于自己的整本书阅读教育教学体系。

这时候，老家来电话，我父亲咳血住院了。

我一路哭着回去，眼睛肿得睁不开，但到家的瞬间我变得坚强起来，一个人张罗着父亲住院的所有相关事宜，没人知道，我让自己那么忙，只是因为我害怕。

照顾父亲之外的闲暇时光，我蜷缩在病房的一角看完《时代广场的蟋蟀》，并用半个月时间写下了一万多字的《时代广场的蟋蟀》教学价值分析。幸亏有阅读和写作，让我熬过了那段最痛苦的日子。

书不能让你避免苦难，但却能教你如何正确地去看待生活，不让你把那些生命无法承受之轻无限地放大，放大。

二

从 2015 年开始，作为香洲区小学语文课程专家核心成员，我会推荐书目给全区的十万学子。为了让老师们能够更好地安心做整本书，并且不影响教学质量，一开学，我就给全区三至六年级的语文老师进行教材培训，一个单元一个单元讲，一篇作文一篇作文讲，从单篇精读课文的教学重难点到写作框架的设计，事无巨细，倾囊相授。这次培训在珠海小语界甚至引起了不小的震动，我也因此被各区邀请去做讲座。为了不影响工作和日常教学，我一一婉拒，但是却列出了每一章的知识点明细分享给所有的老师。

因为珠海市的很多老师还都处于整本书阅读教学入门阶段，我把课程书目和拓展书目分别归类，设计成完整的课程包，同时邀请团队精英老师在全区上观摩课。课后我会就整本书阅读教学价值进行讲座，从如何选书、如何设计课程包一一讲起。

期末全区统一考试，我作为出卷专家把整本书的测评也放到了里面。

教材培训、书单推广、课程观摩、理论指导、期末检测，这一套流程下来，珠海市香洲区孩子们的阅读兴趣、阅读能力大幅提高。我们打出了“做阅读的千万富翁”的口号，而事实上孩子们的阅读量早已超过千万。

我提出的“学霸不可怕，就怕学霸过寒假”已经成为所有孩子的口头禅，配合着带阅读策略的寒假书单，阅读不再是口号，而是信仰。

当然，做这些的过程中，我还顺便拿了全省青年教师阅读大赛的特等奖和素养大赛的一等奖。

两年的时间，我把体制内的正规比赛全比完了，以至于没有比赛可比。于是我退下舞台，开始带徒弟、带团队，给老师们做观摩课。每年大型公开课 30 节以上，讲座不计其数。

2017 年我成为蒋军晶老师团队的核心成员，同时也进入到百班千人的导师团队，带领全国 351 个班级进行整本书阅读推广。当时我提出了拆书皮、拆书芯和评估的理念和策略，震惊了很多一线老师。他们用这个方法去进行单篇阅读、群文阅读、整本书阅读，效果非常好，感谢信一直都没断过。

阅读的核心是理解，所以我们经常会问孩子一个问题：这本书讲了什么？但我们很少去思考这个问题究竟有多么简单粗暴。

而我提到的 20 多种可视化思维工具，情节绳、情节波、情节梯、情节格、情节环、情节泡等，就是让孩子去“看见”思维。

情节绳的灵感源于结绳记事，特别适用于线性结构的文章和整本书。使用它最需要注意的就是节点选择，也就是绳上的关键事件，所以并非所有的内容都往上写。这就是用可视化思维工具教孩子概括和取舍。

节点是有大小的，也就是事有详略。节点的距离也是有长短的，对应的是图书所写不同事件的位置。

同时情节绳也是非常灵活的。当故事一波三折，它就变成了情节波。当故事层层递进的时候它就变成了情节梯。当故事首尾相接的时候，它就变成了情节环。像《爷爷一定有办法》，就属于双环结构。约瑟一家和小老鼠一家对毯子的态度不正是珍惜亲情最好的表达吗？

这些工具的运用，解决了孩子在阅读过程中真实的困难。在教学中，知识方法好教，思维最难教，有了可视化思维工具，一切都变得简单有趣起来。

几年过去了，阅读和写作已经变成了我生活的一部分，无论是工作上的不顺，生活上的困难，还是遇到同行的嘲讽，我都能泰然处之。面对生命的暴击，我不还手，也不放弃。我对自己说，我拥有那颗世界上最珍贵的种子，我要像小和尚安一样，把它放在胸前的口袋，不争不抢、不急不缓地做好每一件事，然后在春天的池塘一角种下。

盛夏的清晨，在温暖的阳光下，我也会看见那朵叫作“初心”的千年莲花轻轻地盛开。

遇见更好的自己

——我的儿童阅读推广之路

福建省福鼎市硖门中心小学　黄香明

黄香明，福鼎市硖门中心小学教师。亲近母语星星点灯计划一期教师，亲近母语培训师，亲近母语公益导师。爱阅读，理解儿童，希望带着孩子们在阅读中遇见更好的自己！

只有一次把我窘得哑口无言，就是当一个人问我“你是谁?”的时候。

——［黎巴嫩］纪伯伦《沙与沫》

我是谁？这是一个很深刻的哲学问题。它牵涉到你如何看待自己，如何看待生命的价值与意义，它需要我们用一生来给出最后的答案。现在，我更愿意这样定位我自己——我是一名儿童的母语老师，是一个走在路上的儿童阅读推广人。

一、我的初心

首先，这与自己的童年经历有关。我小时候是个特别内向甚至特别孤独的孩子，总是有一个感觉，觉得自己与这个喧闹世界有一段距离，觉得自己是在一个角落里观望这个热闹世界的孤独的人。记得从读小学开始认字以后，不知道为什么特别喜欢文字，任何有字的小纸片都看得津津有味。那时候基本没什么课外书，表哥表姐们的语文书就是我最好的课外读物。每次去他们家，我总是静静地沉浸在故事的世界里。文字就像是照进我生命的一束光，温暖了那个孤独的女孩。它也像一颗小小的种子种进了我的心田！

其次，因为我的孩子，因为亲子阅读，遇见童书。在亲子共读的路上，我接触到了许多经典的图画书和优秀儿童文学作品。从最早的小熊宝宝开始，到米菲绘本、《小猫咪追月亮》、《逃家小兔》，还有小朋友们超级爱的卡梅拉系列、神奇校车、凯迪克大奖，慢慢地，开始读桥梁书，读整本书——《小鹿斑比》《狮子、女巫和魔衣柜》，等等。几乎每晚的睡前时光，我们都在朗读中度过，孩子爱上了故事，爱上了阅读。我从来没有特意教他识字，但有一个晚上，他自己花两个小时看完了一部好几万字的小说，我才知道他已经自然地学会识字，学会阅读。更重要的是他对阅读的那份热爱与渴望。在孩子身上，我看到阅读就如同呼吸那样自然，随时随地，总能见到他手捧着书专注投入的神情。

为孩子挑书买书读书的过程中，我也被这些经典的童书深深吸引。它们为我打开了另外一扇窗。它们不仅有有意思的故事、奇妙的想象，更蕴含着深刻的价值观。可以说它们也在慢慢地影响着我，改变着我。

这时，我又遇到了两本书——《幸福的种子》和《小学语文教材七人谈》。前者让我明白给孩子读书的真正意义在哪里，它奠定了我最初，也是最基础、最重要的"儿童阅读价值观"。而《小学语文教材七人谈》一书深刻地探讨了现行教材存在的种种问题，给我带来强烈的冲击。它让我认识到：语文不等同于一本教科书。

要想学好它，光读一本教科书是不够的，我决心要把经典的童书带进课堂。

> 一朵飞行的花，改变了我生活的颜色。
>
> ——［英国］迈克尔·布洛克《蝴蝶》

因为生命里的那一束光，因为亲子阅读，我遇见生命中一朵朵飞行的花，慢慢地开始改变，走在了成长的路上。

二、成长的脚步

（一）开始尝试，将童书带进课堂

刚开始，就是同学们捐书，自己课余时间阅读，就是这样完全自由、自主的，可以说是放任自由状态。后来，在薛瑞萍老师的年级日志里知道了《日有所诵》，听说了亲近母语。2013 年，我开始带着班级“日有所诵”，并且开设阅读课。课上，孩子们和我一起安安静静地各自看书，建立一个阅读的场。再后来，我开始在课堂上给他们大声朗读。从自己看过的有意思的小故事开始，之后绘本以及整本书都进入了我的朗读范围，孩子们特别喜欢。

记得学到课文《高尔基和他的儿子》中，高尔基告诉儿子的那句话——“‘给’，永远比‘拿’愉快！”时，我和孩子们不约而同地想到了图画书《石头汤》——“分享使人幸福”，想到了《花婆婆》——“做一件让世界更美丽的事”，想到了《彩虹色的花》……我知道，这些我课堂上朗读的故事已像种子种进孩子的心田。

（二）星星点灯，迈上专业化道路

随着阅读课程的实践与不断推进，我开始寻求各种学习途径，包括网络。

2015 年暑假，我幸运地找到了亲近母语官方网站，将上面的四大课程视频讲座看了个遍。特别是邱凤莲老师的诵读课程讲座，我边看边做笔记，50 分钟的课我看了整整 4 个多小时。

2016 年，我有幸入选亲近母语“星星点灯”首期公益计划，和来自全国各地的乡村老师们相遇。在这里，我们有项目提供的公益用书，孩子们人手 4 本的课程用书，和 100 多本班级图书角藏书；在这里，我们有每月一主题的网络教研，每两月共读一本理论书；在这里，有项目导师手把手指导我们操作，有老师们相互间的互动、交流，我们彼此学习，共同收获，共同成长。我特别感到骄傲的是，二期入选的全国 54 位乡村教师中，有 3 位来自我的学校。可以说，是“星星点灯”引领我开始真正走儿童阅读课程化、个人成长专业化的道路。

首先，我们“日有所诵”。

我们读泰戈尔的《飞鸟集精选》，它简短、优美，却含义深刻。如何带着孩子们诵读呢？我主要以“通读”为主，简单讲解，朦胧感知即可，让以后的学习和生活去不断充实孩子对文本的理解。

在不断实践与思考中，我慢慢明白了孔老师所说的——

“我在哪里？”“孩子在哪里？”“我们在哪里？以怎样的方式相遇？”

——这就是文本解读、学情、教学方式。

比如：

学习“鸟儿愿为一朵云，云儿愿为一只鸟”，我问孩子们：

"为什么小鸟想做一朵云，云儿想做一只鸟呢?"小朋友说到鸟儿能自由飞翔啊，想去哪儿就去哪儿，云能变来变去的，变成各种小动物的样子，还可以变成雨滴滋润万物。

我又问："鸟儿羡慕云，云儿羡慕鸟。你羡慕什么呢?"舒婷说她羡慕男生，她想做男孩。朱进杰说他羡慕同桌王莹，因为她聪明。蒋诗怡说她想做老师，所以羡慕我，好几个小朋友纷纷点头。

我告诉他们："小朋友，你们羡慕老师，老师还羡慕你们呢!"孩子们一听，都睁着好奇的眼睛望向我。"老师小时候啊，除了语文书，什么书都没有。可是你们看，你们有这么丰富的藏书可以看，这么多人关心着你们的阅读问题，老师还带着你们诵读，读《全阅读》，给你们讲故事，多幸福呀！老师真羡慕你们!"小朋友小眼睛亮亮的，都高兴地笑了。

我们每天晨读课诵读；每天课前两三分钟诵读——既是复习诗文，也是调整课堂纪律；我们还开展微信诵读活动，每单元每周诵读，期中、期末诵读，每个月、半学期、每学期评选"诵读小明星"等，调动孩子的积极性。这样每日的诵读，看似简简单单却让孩子们不知不觉间积累了语言，培养了诗性，锻炼了思维，提高了理解力，也是正向价值观的引领。

其次，我们"整本书共读"。

艾登·钱伯斯在《打造儿童阅读环境》中说：让孩子爱上阅读的第一步是——有书可读。2016 年 9 月我们收到星星点灯图书角藏书啦！为了让书本最美的一面与孩子的眼睛相遇，正面、直接地感受美好，我们专门抽出一节课，让孩子们简单浏览，知道书柜有哪些书，下次借阅就心中有数!

因为是刚接手的新班，孩子们没有太多阅读的经验，我的整本书共读主要采用"大声朗读"的方式。第一个学期，利用每天的课堂时间，我们一共读了4本书:《小猪唏哩呼噜》《笨狼的故事》《花田小学的属鼠班》《喜地的牙》。

读第一本时，我们一般两三天读一个故事，每次20分钟左右。孩子真的是天生的故事爱好者，他们的投入与专注让我欣喜不已。那一段时间，唏哩呼噜是大家最亲近的朋友，我们课上听他的故事，聊天时谈他，周记里写他，第一次的习作课就是写的唏哩呼噜……有一位男生，平时的课堂永远坐不住，但故事课堂上，他总是聚精会神地盯着我，下课居然也乖乖坐在位置上看书。故事对孩子的吸引力可想而知。

可以说,《小猪唏哩呼噜》让我和孩子们第一次体验到了大声朗读的乐趣和幸福感。而读《笨狼的故事》时，我们则找到了很好的节奏。每天课前一个小故事，根据故事内容、情节，简单交流讨论。

前三本属于相对简单的儿童故事，而《喜地的牙》则是我朗读的第一本儿童小说。喜地是一个特别乖的男孩，什么都好，就是看着特别小，十多岁了牙齿就是不掉。妈妈和双胞胎姐姐非常着急。后来，他终于开始掉牙了，却发生了一系列非常反常的事。掉牙—大睡一觉—大发脾气—长出新牙，接着身体就会发生可怕的变化，耳朵变长啦，脖子变长啦，等等，故事非常精彩离奇，特别吸引孩子。刚开始读时，学生好像没什么反应。我还担心来着，那天早上还特意请教沉砂老师：就仅仅只是我朗读，孩子听吗？还应该或者可以做些什么呢？老师告诉我：素读也可以，是最好的一种方式。如果在读的过程当中，有可以猜测或讨论的部分，也可以适当停留。我放心了。当天下午读到喜地掉下第三颗牙，因为之前的朗读，孩子已经了解了故事的节奏和发展，他们自然而然地开始猜测，也急于印证自己的猜测。从那时开始，师生好像忽然发生了美妙的化学反应。他们和我的状态都完全不一样了，我们的心，紧紧地被喜地牵着。我们朗读、交流、谈论，根据故事发展来续写，孩子们洋洋洒洒，猜测得具体准确而生动，仿佛他们就是作者本人。孩子们从开始的波澜不惊，到后来的忘我与投入，让我很激动，我也写下了几千字的课堂朗读记录。

故事，有个发生、发展、高潮的过程，读故事、听故事的人也是一样。我真的是感受到老师说的：课程内容永远大于教学方法。

我们争分夺秒、见缝插针——早读课十来分钟，我们读；语文课我们 20 分钟甚至一整节课读；讲评完作业只剩 3 分钟下课，小朋友也要求我给他们读……铃声响，下课了，可老是有一堆小朋友围着我，说着自己的想法，请求我将书借给他们看，我不肯，小家伙们就“骂”我：“老师，你太坏了……”快要结束时，我终于将书借给他们，瞧！一个个趴到桌子上去了！

课堂时间毕竟有限，我还利用“喜马拉雅”APP，在平台上录下整本书，然后一章一章发到班级群给学生们听。因为孩子们喜欢，我也乐此不疲，2017 年除夕的前一天，因为担心过年的鞭炮声太大影响录音效果，还录到了近两点。

朗读者带动朗读者。我也鼓励他们尝试自己读故事。班上有一个叫魏娜的女生，三个月时间读了整整 17 本书！

朗读者培养阅读者。因为老师的大声朗读，孩子们爱上了听故事。许许多多孩子们也捧起了一本本书，开始踏上自己的阅读之旅。为了将更多时间留给孩子读书，我们班基本不做机械性、无效的作业，每天布置读书作业，要求阅读半小时。每星期填写阅读存折，每个月评选“阅读之星”，通过多种方式带动孩子阅读。现在，我们班还给孩子们提供展示平台，每天课前 5 分钟让他们来推荐自己喜爱的书，进行导读。孩子们的阅读热情被点燃了，阅读量蹭蹭蹭地往上涨。这学期开学短短一个月，孩子们就读了不少书，其中最多的读了 10 本！

除了诵读、整本书阅读，我还尝试开展一些节令课程。秋分、小满、芒种……我们诵读相关童谣，讲中国老故事，做节令小报，还带入了一些实践活动，比如端午节，我们请家长来教孩子包粽子。

最好的东西不是独来的，它伴了所有的东西同来。

——［印度］泰戈尔《飞鸟集》

三、遇见更好的自己

2017 年 2 月，亲近母语点灯人飞翔计划招募，我有幸入选“儿童阅读公益导师”，参与点灯人高级研修班学习。2017 至 2018 年，我成为点灯人会员专享课程三季公益导师、亲近母语公益导师、担当者行动公益导师，2017、2018 年多次参与乡村教师研习营、阅读领航员培训等，不仅贡献自己的一分力量，更是自我的一次历练提升！2017 年 10 月，我荣获“马云乡村教师”提名奖，这是一份荣誉，也是一个方向、一种锻炼，更是一份责任、一个目标。

因为一份初心，我迈开学习成长的步伐，从一个人给孩子读书，到尝试班级阅读，再到成为一名儿童阅读推广人，更大范围去推广阅读。走在这条路上，我遇到了越来越多不遗余力帮助我的导师们，以及越来越多的同行者。于我而言，不仅是带给孩子的一点成长，带给身边朋友、同事的一点点影响，更重要的是——自我的提升与成长——我遇见更好的自己。

爱在乡村　心向蔚蓝

——用追寻的方式坚守

江苏省海安市曲塘小学　吉忠兰

吉忠兰，江苏省海安市曲塘小学语文教师，著名儿童阅读推广人，亲近母语总课题组核心成员，曾获《中国教育报》2010年“推动读书十大人物”提名。

初出茅庐　热爱与思索

1998年，怀揣着“三好学生”和“优秀毕业生”的奖状，我从如皋师范学校毕业，回到了母校——海安县倪庄小学。那时的我，稚气未脱，对教育懵懂无知，但浑身有着使不完的傻劲儿。

毕业第一年，学校派我去参加县美术教师基本功大赛，我为了做出满意的手工，反复选材、制作。那次比赛，经过“写生”“手工”“插画”“上课”四项激烈角逐，我居然战胜了六名专业美术教师，获得了小学组一等奖第一名。第二年，我还有幸在南通市优课观摩活动中展示自己的美术课堂。

这小小的成功激励了初出茅庐的我，带给我自信和力量。欣喜之余，我也在反思：同样一节课，在乡下、县城、市里的小学都上过，孩子们的作品却存在着明显的差异，城里的孩子想象力更丰富，呈现作品的种类更多。作为一名语文老师，我怎样才能打开乡村儿童的视野，让他们的想象力飞得更高更远？怎样才能给乡村孩子一个智慧人生呢？冰心说：“有了爱，便有了一切。”但我觉得，仅仅有爱是不够的。

豁然开朗　驯养与播种

2005年，一本书、一节课和一个人改变了我的世界。

《夏洛的网》是我给孩子们大声朗读的第一本童书。这是一首关于生命、友情、爱与忠诚的赞歌。因为威尔伯，所有跟“猪”相关的东西都变得温馨可爱起来，文学作品就是以这样温情却恒久的力量温暖着我们的心灵。这本书成为我班级阅读教学历程中浓墨重彩的一笔，让我的课堂重新焕发了生机，也给我的生命增添了很多光彩。

这是2005年的一篇日记，真实地记录着当时的感受：

读《夏洛的网》之《臭蛋爆炸》

2005年4月21日　星期四　晴

刚刚宣布今天的故事题目，孩子们就议论开了：

“是不是威尔伯爆炸了？”

“哈哈，威尔伯身上的确很臭，但他怎么可能爆炸呢？”

“是不是那个臭鹅蛋爆炸了？”

“暂时保密，听了故事，你们就知道了。”

夏洛要救威尔伯，她要戏弄一个人，她觉得人没有甲虫机灵，人是阿木林，是大傻瓜。威尔伯听了，终于叹了一口气，然后躺下来，呼呼入睡，夏洛充满深情地注视着他，盘算她的计划。

孩子们猜得真准，的确是那个臭鹅蛋爆炸了，奇臭无比，熏走了想要捉夏洛的艾弗里，调皮的艾弗里单腿站在猪栏上举起树枝去打夏洛，没站稳，倒下来，弄翻了食槽，那个鹅蛋闷声爆开。

还好，救了夏洛一命，否则，这个故事就要戛然而止了，这小小的玄虚的的确确让我们捏了一把汗。

威尔伯感谢坦普尔顿对蛋的保管，给它留了一根面条和几滴牛奶。夏洛拉掉一大片网，开始织起来，忙忙碌碌到半夜，还没有停止……

故事读完，不容我说什么，小手已经高高举起来了，他们不断猜测着夏洛救威尔伯的办法，就是猜不着，我就是不告诉他们，我要留着这份期待；但我又是多么想告诉他们啊……

我的孩子们每天都有了期待，每天见到我就乐不可支，变得更爱问了。

那年"五一"节，我放弃休息自费去通州听课。清瘦俊朗的周益民老师在行间从容踱步，把一个个话题抛给孩子："驯养是什么？驯养容易吗？驯养需要什么？是小王子唤醒了狐狸，还是狐狸唤醒了小王子？"随着交流的推进，我豁然开朗，"驯养"就是建立联系，其实就是相互的爱。周老师带领孩子们讨论的是《小王子》——哲学家周国平眼中的天才之作。

最令人拍案叫绝的是最后一问："世界上真有小王子和狐狸吗？"

随即，大屏幕上出现了一串诗句：

孤帆远影碧空尽，唯见长江天际流。

海内存知己，天涯若比邻。

在天愿做比翼鸟，在地愿为连理枝。

曾经沧海难为水，除却巫山不是云。

子在齐闻韶，三月不知肉味。

衣带渐宽终不悔，为伊消得人憔悴。

顿时觉得洞天石扉，訇然中开。正如薛瑞萍老师所言：“伟大事物是有生命的，她不仅可以发出呼唤，还可以牵着我们往上飞，往前飞。”原来，古今中外的文学，可以联结得如此天衣无缝、妙不可言。

这一次，只有两面之缘的周益民老师给我带来了《我要做好孩子》《今天我是升旗手》等几本童书，成为我阅读儿童文学的入门书。不知不觉中，书香“驯养”了我，而我，也用书香濡染着我的孩子们。

还记得初上“教育在线”论坛，看到别人才情横溢，文采斐然，恐慌如我，觉得自己什么都不懂，痛心疾首地明了童年阅读的荒芜，给我的根底带来无法弥补的虚空；“饥荒”如我，却不知道该读什么书，饥不择书，看到别人分享的书名便记下来，疯狂买书、啃书。那一年，我几乎以每天一本的速度恶补着儿童文学和一些教育教学、儿童文学理论书籍。我的抽屉里，压着厚厚一叠购书发票。家里的书逐渐增多，已经装了整整十个书柜。

因为童书，一切都变得不一样了。这是那一年《海安日报》征集的“辞旧迎新”文稿。

猪年的“黎明感觉”

2006年1月23日　星期一　晴

每每辞旧迎新之时，不免会生发许多感慨。其实，我是个大大咧咧，甚至有些散漫的人，几乎没有盘点的习惯，虽然常有许多想法，总是想想就罢了。记得读书时一个老师曾说过：“每年大年初一，睁开眼睛第一件事情，就是问问自己在哪里。”那时候，我对这句话并没有什么深刻的理解，以为就是一句平常的问话而已。而今天，我终于可以回答自己了，我在路上，在追寻梦想的路上，因了这个梦，一切都是新鲜活泼的，对每一个清晨，每一堂课，每一个孩子，内心都鼓胀着澎湃的激情，奔流着脉脉的情愫。我真切地体验到了钱理群教授所说的那种可贵的“黎明感觉”。

新的一年，新的起点，新的征途，我已经不再是那个拖拖拉拉、磨磨蹭蹭、得过且过的我了。我把心愿写在这里，时时警醒自己。

我要上好每一节课。课堂是我的舞台，孩子和我都是主角，我们在这里上演最精彩的心灵和情感故事，用激情去点燃激情，用心灵去唤醒心灵，用思维去碰撞思维。让我的语文课成为一扇窗，一扇干干净净、透明的窗，一扇连接世界、通向未来的理想之窗。

我要做执着的儿童文学阅读推广人。我的童年没有书籍的滋养，我至今无法站成一棵茂盛的大树。即便现在拼命地汲取大地的养分，使劲地往高处攀爬，依旧觉得根底虚空。我要像斯蒂文森诗中的点灯人李利那样，每天太阳落下后，就扛着梯子走来，把街灯点亮；我要像芭芭拉·库尼笔下的花婆婆一样到处播撒花的种子；我要像《种树的男人》一样，在阅读的荒原上种下一棵棵小树苗。我点亮一盏盏心灯，我播撒灿烂的阳光，我种植无限的希望。童年的阅读，让每一个孩子都拥有一颗透明、纯净、积极向上的心，那样的心灵会生长出最高大的树，会开出最艳丽的花。

我要用文字铺就一条通往心灵的幽静小路，手指在键盘上舞蹈，记录每一个瞬间的感动，记录我的课堂，我的读书体会，我的教育故事，我一切的一切。

猪年的每一天，“黎明感觉”和我同在，日子因此而充满勃勃生机。

特立独行　生长与超越

理想的教育是培养有中国根基的世界公民，他们应当有“独立之精神，自由之思想”，有责任和担当。城市的孩子有着优越的教育条件、得天独厚的人文环境，博物苑、科技馆、图书馆、电影院……设施齐全。而农村儿童更多地吹拂着来自大自然的清风，沐浴着无遮无拦的阳光，倾听着鸟鸣和虫声。他们拥有了健康的体格，但他们更需要精神的滋养。

谈起战争题材的群书阅读尝试，得追溯到 2008 年。那年初冬，我遇到了《弹子袋》这本书。

这是一部自传体小说，讲述了二战期间兄弟俩结伴逃亡的历险生活。这个故事深深吸引了我。我一直心心念念想把它带给班里的学生，但那几年一直教低年级，总是无法实施。一直到 2014 年，我陆续读到更多以“二战”为背景的儿童文学作品。

2015 年是世界反法西斯战争胜利七十周年，也是中国人民抗日战争胜利七十周年。这一年，我教四年级，学生还小。但我觉得，应该用文学浸润的方式让他们更多地了解这段历史，不要像我一样，直到长大，脑子里对二战几乎还是一片空白。于是，我精心选择了 3 部四年级孩子可以理解和接受的作品进行共读。

我用一个月时间给孩子们朗读了《鸟雀街上的孤岛》这本书，

一个叫亚历克斯的男孩战胜一切困难，在孤岛一样的废墟上独自生存了五个月。这个特殊环境下的成长故事激励着和平年代的孩子们，他们从主人公身上获得了勇敢、坚毅的品格。我和孩子们一起阅读图画书《大卫之星》，“如果一颗星星象征一个生命，从1933年到1945年间，犹太人有600万颗星星陨落了”。我们反思战争的残酷，感叹战乱中的人性光辉，更加珍惜当下和平的生活。我们用一周时间共读《数星星》，探讨什么是真正的“勇敢”“长大”和“尊严”……读着相同的书，我和孩子们有了相同的语言密码，我们在这样的阅读、交流和碰撞中，精神得到同生共长。且行且思，2016年7月，我撰写的《战争·儿童·成长》被人大复印资料转载。

我在文章的最后写道：每一部战争题材的作品，都是一段民族的发展史。童书中关于战争题材的描述，让我们看到战争的暴戾和残酷，更能看到永恒的人性之美。开展战争主题的“群书阅读”，用文学浸润的方式让儿童了解历史，走近优秀人物，激励儿童的精神成长，这是培养有“独立之精神，自由之思想”的世界公民的最好方式。

这几年，结合孩子的年龄特点和我个人的爱好，我开设了“生命”“爱情”“自然”等主题的群书阅读，从儿童的精神诉求出发，力求通过师生共读、生生碰撞，丰盈儿童的精神世界。

渐行渐远　追寻与回归

生命是一段不断前行、不断反思和成长的旅程。在执着于儿童阅读推广的进程中，我慢慢意识到，唤醒大人有时候比唤醒孩子更重要。我通过上示范课、做讲座等多种形式和全国各地的老师、家长们互动。2013年下半年以来，我还长途跋涉数千公里，到云南腾冲、江西赣州等地区做公益阅读推广。我带动家长给山里的孩子捐赠图书，为他们带来温暖……

2014年12月，我受马来西亚儿童文学协会黄先炳博士邀请，赴大马主持了“儿童文学与语文教育”研习营和第六届儿童阅读营，这是一次难忘的旅行。在异国他乡，有一群纯粹的人，一样的黄皮肤、黑眼睛、黑头发。华语，是他们心中永远的母语。他们努力传承中华文化，推广华文阅读。那份执着、专业和热情，深深打动了我。

回国之后，为了方便进行整本书的读后交流，我用自己的奖金和稿费，购买了400多本图书……我梦想拥有一间属于自己的阅读教室，让孩子们可以尽情徜徉于书海。爱默生说，一个朝着自己目标永远前进的人，整个世界都给他让路。我所能做的，就是通过各种途径点燃每一个乡村孩子的阅读热情，并以此辐射和影响一个个家庭。

二十年扎根农村教育沃土，我有过很多次跳槽的机会，却从未离开。除了给孩子们上课、读故事，我还能做什么？还能从哪里获得快乐，实现我生命的价值？十四年儿童阅读推广，一步一个脚印，我获得了很多肯定与鼓舞，也有过无数挫折和挑战，却从未停止过追逐的脚步。我没有翅膀，但依然渴望飞翔！爱在乡村，心向蔚蓝！

一辈子，一件事，一份情！教育是迷恋人成长的学问，用追寻的方式坚守，我愿意，为乡村教育，倾其一生。我坚信：

日不间断的阅读
带来不拘一格的精彩
凡读过、讨论过必留下痕迹
愿我们都做一扇窗

让孩子们看到更绚烂的风景
眼界不一样了
格局自然不同
让我们和孩子一起阅读一起成长
一起遇见最好的那个自己

在岁月的年轮里　写下诗与童话

山西省运城市稷山县蔡村中心校　加志宏

加志宏，山西省稷山县蔡村中心校校长，知名儿童阅读推广人，运城市“五一劳动奖章”“星星火炬奖章”获得者，2017年入围“马云乡村校长计划”。几年来，坚持“让书香成为孩子们童年记忆”的办学理念，致力于用阅读改变乡村的教育生态，实施阅读课程，研发阅读课型，在书香校园建设方面取得卓越的成绩。2016年，蔡村中心校荣获“全国书香校园”的称号，之后加志宏校长推广儿童阅读的事迹被各家媒体报道。

这些年，我们都是相信诗与童话的，那些跳动的文字，或浪漫，或感动，让我们教育生活的每一天充满了生机和灵动。有时候，我们在说，我们这里的每一个人，都愿意做一个乡村教育的守望者！我想，那些留在岁月年轮里，或多或少的斑驳，一定会是来自乡野间的梦想！

2013年，从县教科局计财股副股长的角色转身，我走上了蔡村中心校校长的岗位。那个时候，仅仅对数字敏感、报表精通且稍有含蓄，甚至年轻的我，对于肩负起一方教育的职责而言，完全是一个“门外汉”，十足的“愣头青”！更何况，那是一个偏远的乡镇，中心校下辖9所小学、12所幼儿园；那是210名小学、幼儿教师，2 500名学生和幼儿，一半以上是大龄教师和留守儿童。那个时候，对教学业务和学校管理知之甚少的我，是那样地怅然迷惘，是那样地手足无措。所以，我常常在问自己：该如何向前？该如何引领？该如何发展？我们的出路在何方？光明在哪里？

一段话，一本书，一个改变，一种态度

2014年看到的一段话，对我的触动很大。那是在英国威斯敏斯特教堂里的一段墓志铭，大概内容是："当我年轻的时候，我梦想改变这个世界；当我长大以后，我发现我不能够改变这个世界，我将目光缩短了些，决定只改变我的国家；当我进入暮年以后，我发现我不能够改变我们的国家，我的最后愿望仅仅是改变一下我的家庭，但是，这也不可能。当我现在躺在床上，行将就木时，我突然意识到，如果一开始我仅仅去改变我自己，然后，我可能改变我的家庭；在家人的帮助和鼓励下，我可能为国家做一些事情；然后，谁知道呢？我甚至可能改变这个世界。"于是，从那个时候开始，我渐渐地有了勇气。是的，我想到了改变，用一个改变的态度，改变一个乡村的教育生态。从那个时候起，我开始读教育教学管理经典著作，直到读了《为什么是抚松》，这本书让我怦然心动，激动万分。抚松，被称为中国乡村教育的奇迹。"走进抚松，你会发现，教育原本可以这样美好！"我开始相信真的有这样一个童话的种子会在一个偏远的东北小镇生根发芽。于是，我开始有了改变的决心和改变的策略。

一条路，一群人，一个理念，一种激情

一直以来，我总是钟情于李希贵老师的这样一句话："把书带给孩子们，我们就有了百分之六十的希望！"那个时候，我想，乡村教育也应该是富有诗意的，这让我有了一种一开始就不会改变的追求。记得在那个时候，我们是非常激动的，我们总是在说，愿意做在高原上"种树的男人"，或者是那个愿意让世界变得美丽的"花婆婆"，用阅读点亮乡村孩子们的心灯，让这些孩子的童年从此有关于书香的记忆。于是，我们便一直走在路上，再也没有停下！

2014 年 4 月，江苏南京，我参加第十届中国儿童阅读论坛，遇见了"亲近母语"，遇见了徐冬梅老师，遇见了岳乃红、余耀等儿童阅读推广人。我突然发现，自己想做的事情，原来真的是有很多人在做。于是，相隔千里，我仍愿与他们一路同行。那一次，我把阅读的种子带回了家，为自己的教育梦想插上了轻盈的翅膀。从南京回来后，我开始有了两个想法，首先是推进校长、教师读书。我们制订了校长读书计划，购置大量的专业书籍，并且定期召开校长读书交流会，交流读书体会。各小学为教师购置图书，并制订了各校教师的读书计划，举行了一系列的教师读书活动，包括教师读书微讲座、教师读书沙龙、教师读书知识竞赛，等等。在这样的一个读书氛围里，无论是校长还是老师，都会在不经意间爱上读书，渐渐地放弃最初的太不情愿或者是不太情愿。每一次的读书交流会上，他们也由刚开始的不想说、不好意思说，变得那样争先恐后、侃侃而谈。其次就是"走出去，请进来"，引领校长、教师学习。从最初的 3 人，到 7 人，到 9 人，到 15 人，几十人，人数不断地增多。从广西柳州，到几赴南京，到西安，到

太原，走过了很多的地方，学习了许许多多的儿童阅读理念和做法。2015 年 8 月，我们有幸邀请了“亲近母语”团队的岳乃红老师、孔晓艳老师和余耀老师做客运城稷山，让每一位老师对于主题阅读、童诗童谣课型以及图画书教学有了更为系统的认识。几年来，老师们的阅读教学在不知不觉中悄然提升。于是，每一次，我都会欣喜于他们一点一点的变化。他们开始有了一种做阅读的激情，而且是那样投入、那样深情。

从那一年开始，我下定决心做好几件事情。

一是优化校园环境，创造书香文化氛围。不到一年的时间，我们购置了大量的校园读书凳、读书椅，搭建木质读书长廊，创建了 16 面活动绘本墙和 5 所乡村童书馆，并为每一间教室添置了图书柜，建立室内读书角，室内图书实行漂流。为了让乡村的孩子们有书可读，有读书的地方，有读书的兴趣，全力创建一个“春华秋实，夏荫冬绿，四季有书香”的校园读书环境。现在，每每看到孩子们或清晨，或黄昏，捧着一本书在教室里，或是在童书馆，或是在校园的一角，静静地读着，我们便幸福于我们的“62 间教室，16 面墙，一条长廊通远方”。

二是组建阅读团队，引领教师专业成长。2015 年 8 月，蔡村中心校加入亲近母语课题实验校行列，承担“图画书教学与小学语文链接”的子课题研究。同时，我们开始组建中心校“烛之光”阅读团队，通过一系列的阅读活动日和教研赛课活动，包括 22 轮图画书公开课大赛，16 轮整本书观摩课展示等，不断地探索，不断地思考，结合阅读课程体系，我们最终开发出了包括童诗童谣熟读成诵、图画书写作、图画书读写绘、整本书导读课、整本书交流课、主题图画书读写联动课在内的 14 种阅读课型。团队人员也通过不间断的学习，获得了极大的专业化成长，成为中心校阅读工作开展的中坚力量。这些种子教师关于阅读课程建设、阅读实践活动方面的文章多次发表于“运城教育”“亲近母语”等官方网络平台。2017年8月，我们的“烛之光”阅读公益团队成立。一年多的时间，团队先后在山西（稷山、河津）、甘肃、河南、四川、福建等地做阅读推广活动，把阅读的种子撒遍周边县市，撒向更远的角落。

三是制订阅读计划，建立阅读课程体系。读什么样的书，怎样带给孩子，如何摆脱浅层次的阅读？一路走来，我们的阅读方案经历了四次变化，从一开始只是要求简单的“晨诵、午读、暮享”，几乎没有阅读课程化的理念。渐渐地，我们开始有了图画书课程和整本书课程（相配套的课型较为单一）。此外，利用学生的晨诵时间，我们还设置了诵读课程（教材以县编教材《经典诵读》与亲近母语《日有所诵》为主，当时仅限于熟读成诵课型）。随着阅读课型的不断开发与完善，中心校再一次调整阅读方案，开始有了辅助课程的三大阅读积累本——“书香里的记忆”“花香里的幸福”和“我手写我心”。此外，从儿童本位出发，根据孩子的年段特征，我们还建立了蔡村中心校儿童分级阅读书目，让孩子们在书香世界里听到花开的声音，看见最美的风景！2018年7月，结合课程整合、融合与综合，深度构建和实施大阅读观的理念，我们最终确立了“2+3+1”阅读课程体系。“2”，即两节课时内的阅读课，高低段图画书、整本书阅读课各一节。“3”，指的是每周保障的3节“日有所诵”课程。“1”，则是指新样态下的“一课程”建设。即主题阅读式的综合性课程开发，将教材单元统整，依据乡土特色、传统文化等，开发实施主题阅读课程系列。

四是丰富阅读活动，点燃师生激情。那一年，我们开始尝试用活动去推进阅读，以此碰撞出灵动的火花，为梦想插上轻盈的翅膀。于是，在每一个传统节日里，我们都会带给孩子们“中国的记忆”——传统节日图画书课。在这里，孩子们不但听到了有趣的故事，还了解到传统节日的由来，接触到传统文化，增长了知识。每年春天，中心校9所小学同时举行“相约书香·我和春天有个约定”活动，邀请家长参与。这一天，教师、家长、学生一起进行书香签字仪式。相约书香，把阅读的理念带给了家长，把阅读的种子深埋于每一个人心中。每年的4月23日，我们会举行“世界读书日——家校互动”活动。家长到校观看孩子们的阅读成果，听教师们讲图画书以及整本书，教师、孩子与家长交流，情感流露，改变了家长的观念，激发家长对孩子读书的支持。每年5月份，我们会举行一次以“阅读”为主题的校园艺术节活动，通过诵读经典、小品、课本剧、童书人物秀以及有奖竞猜等形式推进读书活动，点亮人生，点燃我们的激情！与此同时，作为对各个小学阅读教学的整体评价，我们每学期都会举行“身在乡野，心在世界”书香校园评选活动，至今已举办9届。评选设置“书香校园”“书香班级”“书香教师”“书香少年”“点灯人”奖项。评选活动的开展，既是对师生们一学期阅读工作的肯定，又极大地调动了广大师生的积极性。

一首诗，一支歌，一种收获，一个远方

我一直认为，做自己喜欢做的事情是幸福的！过程有时候或许是艰难的，也许是无数次与黑夜相伴的辛苦。然而，不经意间的一个短暂的停留，或许是某一次的花开，总是会像一首诗，或者是曼妙的旋律那样打动人心。

校园里最美的风景是书香满园，阅读为孩子们打开了通往万千世界的道路。五年来，孩子们制作各种阅读单，读写绘、自制绘本100万余份，小练笔每年人均60篇以上，写作能力得到有效的提升；每学期，孩子们的读书量在20本以上，六年的阅读

量轻松达到1500万字，远远超过课标要求的课外阅读量。终于有一天，我欣喜地看到了孩子们的变化，他们开始有了书香的气质，是那样彬彬有礼，又是那样谈吐不凡。他们一个优雅的招呼，就会让我莫名的感动，仿佛是听到了世间最美的声音；他们站在那个“说来听听”的舞台上讲着读来的故事，是那样热情洋溢，自信满满；他们自编自演的绘本剧或者是童书人物扮演秀，经常会带给我震撼，而那份震撼便是把阅读送给他们之后的幸福。他们在图画书写作课上，在那个“我手写我心”的小练笔本上，自由地述说着自己的心中所想，许久许久，都不舍得停下来。我仿佛感受到久违了的花开的幸福，是那样温暖，那样明媚！是啊，在某一个阶段，把书香送给他们，把最真、最美的东西，送给他们，也许，这便是我想要的教育生态。

像梅子涵老师曾经说过的那样，我也常常在想：这条路，我们走得到尽头吗？虽然，仍不知道结果，但是，我们会坚持着，一直走下去，就像在写一首诗！然后，依然是把希望留给自己，将美好种在心中。因为，我们始终相信那些曾经或者是即将洋溢的感动，就是最纯真的教育岁月为我们留下的最幸福的足迹，当然还有诗和远方！

长路同行，做一场书香的梦

——我的点灯之旅

河南省洛阳市吉利区开元小学　孔晓艳

孔晓艳，河南省洛阳市吉利区开元小学语文教师，亲近母语总课题核心成员，亲近母语总培训师，亲近母语公益导师。多年来，在班上实施儿童阅读课程化教学，为孩子们打造安静润泽的书香环境；带领全国许多地区的老师们进行儿童阅读教学的探索与实践，让更多的儿童在书香中感受成长的幸福。在2015年“阅读改变中国”评选活动中，获得“年度点灯人”奖项。

静夜无人，我常扪心自问：“为何愿意这样生活？”追根溯源一句话——张爱玲说：“因为懂得，所以慈悲。”

2001年春天，我辞别工作十年的幼教岗位，怀着梦想成真的欣喜成为小学语文教师。记得第一节课讲《葡萄沟》，备课时翻开课本，我迷茫又惶恐：给孩子讲什么？怎么讲？正好办公室有一位老教师在，我像抓住救命的稻草急切地向她请教，一本教参甩过来：“自己看吧！”一下羞得满脸通红。读教参，听公开课，求教有经验的老师，琢磨名师的课堂，找考试点，用各种方法训练应考技能……慢慢地，上课技术提高了，心却越来越迷茫疲惫。

语文教学就是课文教学吗？ 12 本教科书能滋养出语文素养吗？

2005 年冬天，我终于找到了答案。教育在线论坛上，看云说："站在讲台上，我就是语文。"疯了般翻遍她的帖子，从此走上儿童阅读推广之路。绘本、儿童读物、诵读、读书会、班级图书库、校讯通博客……多少辛劳多少坎坷——带孩子们，冒着被举报的危险读《日有所诵》，质疑声中学习吟诵，嘲讽中写博客，周日开读书会……一路书香一路歌。我所带班级成绩稳居榜首，班级博客圈获得 7 次"书香班级"，孩子作品屡见报端——酒衷豪被少儿杂志聘为特约写手，成为《家长会》封面人物……付出总有回报。我获得市骨干教师等荣誉称号，2014 年加入亲近母语飞翔营，受邀在儿童母语教育论坛分享自己的教学经验。

慢慢地，学校不少语文老师开始和我一起做阅读。深深懂得阅读的好处，懂得老师们不甘平庸、渴望成长的愿望，懂得无人指点、自己摸索的孤独和痛苦，我对他们知无不言，言无不尽。没有任何行政命令的参与，阅读在学校扎下了根。2014 年校讯通书香班级大赛，我校 18 个班级 13 个参赛 12 个获奖，学校被评为十大书香校园之一。

慢慢地，周边学校的老师们也行动起来了。从诵读到绘本讲述，从读书会到班级图书库，从私下交流到受邀去学校分享经验……2013 年，吉利区的学生都在使用《日有所诵》，一些老师开始尝试儿童阅读课程化。

2013 年，我受邀成为海外中国教育基金会图书项目的指导老师。在与老师们的接触中，我发现儿童阅读在农村难以推行的重要原因，在于老师们基础差，无主动性，无反思意识和反思习惯。要想让更多的孩子享受书香，站在每一间教室里的教师必须成长——他们是直接和孩子接触的人，只有他们行动起来，孩子们才能真正受益。于是，我和项目人员达成共识——通过《日有所诵》撬动背后更大的东西——老师们的觉知和行动，让孩子们享受到阅读的快乐。

网络会议上，我带着老师们一个单元一个单元体验《日有所诵》诵读方法，反复解释为什么要做“日有所诵”，“日有所诵”周记意义何在。为了给老师们做参考，我和项目人员做了个“日有所诵”工具包发到海外论坛上。工具包里有操作方法、常见问题解答、文字范例、网络会议记录、视频、录音、老师们的随笔……

要想打造书香环境，教师要先做读书人。2014年初，海外成立教师阅读微信群，我和老师们共读《薛瑞萍教育教学问答》《故事知道怎么办》《薛老师讲中国故事》《好绘本如何好》《科瓦奇讲植物》……绘本、故事、儿童阅读课程化理念、华德福教育理念等在阅读中浸润着老师们的心灵。

说到教师培训，我见过太多“培训前高兴、培训时激动、培训完心动、回到家不动”的例子。究其原因，老师们虽然接触到先进的理念，看到精彩的示范课堂，但是由于个人底蕴不足、精力有限，上不出同样美丽的课，家常课又不知怎么操作，最终放弃。因此，2014年到2016年OCEF① 的暑期培训都是两个板块——理念方法分享和实战磨课。培训后，田晓丽、陈向峰、陈建芳、白霞玲、胡敏青等老师在河北、广西、甘肃、宁夏等地带领更多的老师加入到儿童阅读的队伍里来。最终得到滋养的，是一间间教室里的孩子们。

2015年春天，在全国“阅读改变中国”的评选活动中，我被评为“年度点灯人”，同时加入到亲近母语总课题组的团队，成为核心成员之一。

---

① OCEF：海外中国教育基金会。

这是一个优质的学堂。我在这里接触到国内前沿的教育理念、教学方法，对教育的本质、儿童的成长、儿童阅读的理念等有了更深入的理解，也厘清了语文与母语、课堂与课程、教学与教育的区别。

回到自己的教室，在做好《日有所诵》、吟诵、图画书及整本书等阅读课程的同时，我把目光投向身边的可利用的教育资源。

我所在的区域是典型的城乡接合部。随着经济的发展，城镇化的脚步越来越快，自然村大量消失。为了让孩子们在童年还能感受到中国特有的民俗文化，我带着孩子们进行了题为“滋根河洛，家园情怀”的课程探索。孩子们在行走家乡、绘制家谱、走进博物馆、体验唐三彩制作等一系列活动中，知识得以积累，视野得以扩展，思维方式得以改变，民族根基也扎得更深更实。

大自然是人类最好的老师。我们班开展的二十四节气课程和自然笔记《我的植物朋友》，让孩子们静下心来，了解大自然的奥秘，学习大自然的智慧，真正与大自然产生连接。

这也是一片广阔天地。在这里，我和来自全国各地的优秀老师交流、学习、分享、研讨，成长为亲近母语总培训师。

为了服务好亲近母语课题实验学校，我和点灯人教育部门的工作人员一起，精心设计学年、学期网络教研计划，认真进行学期回访，和课程专家一起走进一所所实验基地学校，和老师们分享自己的成长故事，交流儿童阅读的探索、实践、思考，帮老师们解决实施课程时遇到的困惑和难题；和学校领导交流，帮助学校设计工作规划，让阅读课程能更好地落地，让书香真正成为学校的主旋律，让孩子们能在母语中健康快乐地成长。

阅读地平线项目是亲近母语研究院整合十多年来在儿童阅读、种子老师培训、区域环境打造等领域的诸多成果，为区域量身定做的专业、系统的儿童阅读解决方案。我有幸参与其中，成为项目实施的一员。自 2015 年至今，从西宁城中区到成都天府西区再到厦门海沧区，从扬州新东方外国语学校到兰州大学附属小学，我亲眼看到项目带给老师们和孩子们巨大变化。西宁城中区的彭娟老师在两年的项目实施中，迅速成为课程专家，把学校打造成书香四溢的幸福园地，带领城中区儿童阅读种子老师们成长，作为点灯人读书会青海分会长长期在省图书馆为孩子和家长们传递书香的温暖，作为亲近母语课题组专家、公益导师为各地老师分享、做课，2018年，她在“阅读改变中国”评选中获得“年度点灯人”荣誉称号。类似彭娟这样在实验学校和地平线项目中成长起来的老师还有很多。九江的徐莉莉、胡华，成都的吴萍、蔡秀华、徐英，兰州的张燕等老师，都因阅读而焕发出不一样的生命色彩。

我和亲近母语公益的伙伴们一起，利用论坛课程实施记录、微信群日常陪伴、周五小坛分享带动、每月网络教研引领、学期回访总结、暑期研习营通关磨课、给予平台锻炼展示等活动，陪伴、带领项目老师和项目学校成长，全力推进星星点灯项目。从2016到现在，几百名乡村阅读点灯人在这里起步、成长。黄香明、陈秀英、王振、田君红、彭慧、宁慧敏、王志娟、来鹏俊、杨银霞、刘晓琳等老师，不仅在自己的班上实施阅读课程，也带动学校和周边的老师、学校行动起来，把阅读的种子撒进孩子的童年，让书籍成为他们一生的伴侣。他们也因此成为自己所在区域的书香火种。

我和课题组的老师们一起，在亲近母语儿童种子老师研习营、点灯人行动等活动中，和来自全国各地的老师们谈阅读、聊母语、说儿童……活动中，老师们因被激发而发亮的眼睛，因离别而落下的泪水，因重逢而激动的拥抱，一次次感动着我，让我对原本陌生的他们产生亲人的感觉。

是的，我们是亲人。亲近母语的“一灯照隅，万灯照国”是我们共同的梦想。为此，“不辞山路远，踏雪也相过”，向着明亮那方，携手共进。

书香溢满赤水河

四川省古蔺县教研室　罗怀海

罗怀海，四川省古蔺县教研室中学语文教研员，高级讲师。热爱读书，致力于群文阅读、整本书阅读的推广，主张“一个语文教师阅读的厚度，决定了他站在讲台上的高度”。2015年获得亲近母语“阅读改变中国”年度点灯人称号；2016年获得《中国教育报》“推动读书十大人物”提名。在《中国教育报》《新课程评论》等报刊上发表文章多篇，参与《古诗词说写课程》《群文阅读高中读本》以及亲近母语研究院《新编语文全阅读》等书的编写。

打开中国地图，古蔺在川南边陲云贵高原的交界边缘，是一个典型的山区县。这里四周崇山峻岭，赤水河静静地从古蔺身边流过；这里是红军长征四渡赤水三次战斗过的地方，是“神采飞扬中国郎”的红花郎酒产地。

我在这片偏远贫瘠的土地上当语文教师和教研员，默默耕耘三十四年了。

我的家在乡下，父母是农民。农忙之余，父亲兼做石匠，母亲兼做裁缝。从童年时候起，每到寒冬腊月，煤油灯下，煤火炉旁，父母在艰辛的劳动之余，长声吆吆地说书：自从盘古开天地，三皇五帝治乾坤……我就在父母的说书声中长大。

学生时代起，我就喜欢阅读，读过《西游记》《水浒传》《三国演义》，读过《兴唐传》《说岳全传》，读过《林海雪原》《野火春风斗古城》《芙蓉镇》，读过《七剑下天山》《射雕英雄传》，读过《子夜》《围城》《红与黑》《约翰·克里斯朵夫》《复活》《安娜·卡列尼娜》等文学作品。1996—1999 年在西南师范大学读现当代文学研究生期间，我读了大量的现当代文学著作。我热爱阅读，家中有藏书 3000 多册。我喜欢家里书柜上的那些书。每当我一个人静静地站在书柜前，看到一册册自己心爱的书，心里总有一种满足和惬意。

选编读本，促进阅读

2000 年，我在古蔺中学担任“特高班”语文教师。当时班上的学生是从全县初中学校选拔上来的优秀学生，县政府从有限的财政收入中拨出专款资助从农村来的贫穷孩子读书。在教学中，我深深体会到孩子们在经济上的拮据，更感受到孩子们在阅读上的贫乏。为改变学生阅读面狭窄的困境，我选择课外阅读作为自己教学的突破口。改变学生的阅读状况，首先是要为学生提供优质的精神食粮。我在大量阅读的基础上，先后选编了《诗意的世界》《恰同学少年》等读本，组织班上的学生开展课外阅读，受到学生的欢迎。

教育人事改革后，我回到进修校教研室，担任中学语文教研工作，开始把课外阅读扩展到初中。为了推进我县初中课外阅读实践，我们把课外阅读作为课题研究，申报立项初中课外阅读和群文阅读课题，参与了华中师范大学“文学教育”、首都师大“中华优秀传统文化教育与现代语文课堂教学的融合”子课题的研究。课外阅读课题化，让更多的学校和老师参与到课外阅读中来。

新课程标准重视校本课程资源的开发。为丰富校本教学资源，推进校本课程建设，我在阅读大量古蔺文学的基础上，写了《百年古蔺文学的六个提要》《古蔺文学，不曾穷过》《赤水河畔飞扬的诗情》《泸州新诗的十张面孔》等文章，并在报刊上发表，这些文章有助于引导一线老师关注本土文学作品，通过老师们把本地优秀文学作品引入课堂。李明政的《赤水河》、陈之光的《闹花灯》、余芬的《豆芽情深》等文章，引起师生们的共鸣。

作为教研员，推广课外阅读，编写优质读本供一线学校选用是极为重要的。我和县内优秀一线教师选编了《古蔺文学选读》《亲近文学》《初中生群文阅读》（七、八、九年级共三册）等读本。县内很多学校的图书室，都有我们选编的读本。读本中的《杨绛家的阳台》《另一种纪念碑》《除了奋斗我别无选择》等，受到一线学校师生们的喜爱。

教研引领，推广阅读

我有十年电大教学的经历，对一线中小学教师很熟悉。到教研室后，由于工作关系，我经常接触到中小学语文教师，深感语文教师的阅读尤其重要，提出“语文教师的阅读要先于、多于、高于学生的阅读”。经过思考提炼，我提出“一个语文教师阅读的厚度，决定了他站在讲台上的高度”的主张，在语文教师培训中加大课外阅读分量。组织郎乡读书会，在骨干培训中增加课外阅读和群文阅读的专题，在统编教材培训中强化“1+X”教学和整本书阅读。

较有创意的是开展颇具特色的年度阅读活动，即在每一年集中读几位著名作家的作品。如在杜甫诞辰一千三百年之际，组织“万方多难中成就的诗圣”阅读和赛课活动；在沈从文先生诞辰一百一十周年之际，我们组织读沈从文的著作；2012 年 10 月，在莫言获诺贝尔文学奖之际，第一时间组织全县师生开展“我们一起读莫言”活动；2016 年，在傅雷先生去世五十周年之际，组织阅读《傅雷家书》活动。最好的纪念是阅读，在雷抒雁、马尔克斯、汪国真、杨绛等名家辞世之际，我们立即组织了专题阅读活动，纪念他们，很好地推广了阅读。

课外阅读的推广，教研员的示范引领是极为重要的。近年来，我执教过“中国家书”“我为何而生”等课外阅读公开课。执教“中国家书”，我采用一篇带多篇的方式，集中阅读诸葛亮的《诫子书》和曾国藩、郑燮、傅雷的家书选段；执教“书卷多情”，用于谦的《观书》导入，比较阅读冰心的《忆读书》、严歌苓的《读书与美丽》，学习文章不同的写法；执教“世界上每个人都特别有意思”，读写结合，让学生在朗读理解中体察感悟每一个独特的生命都值得尊重。

十多年来，我先后推出 200 多节县级以上课外阅读研讨课，培养了一批优秀教师。陈新华老师执教的课外阅读课，获得四川省一等奖、教育部优秀奖和全国和谐教育课例展示一等奖。这些课例带动了全县多数语文教师的自主阅读，并通过他们把阅读的种子播撒在山区孩子的心房，唤醒他们纯净的角落，激发山区孩子的梦想，为他们点亮一盏盏理想之灯。

我还利用《语文的江湖》《罗大耳朵的博客》和古蔺语文 QQ 群，组织语文教师交流课外阅读，推荐优秀文章 1 000 多篇，转载名师优秀课例，建立课外阅读资源库。除课标、教材上的推荐篇目外，我们还针对我县实际，补充了我县初中学生阅读的书目，推荐《冰河上的激战》《莫砺锋说唐诗》《小人物的幸福生活》《琦君散文选》《三体》《追风筝的人》等书目。我多次应邀到各大高校和各地讲课，为老师们推荐“不跪着教书”“名作细读”“中学教材中的鲁迅作品解读”“中国古典诗词感发”“阅读教学设计的要诀”“王栋生作文教学笔记”“文化强国与语文教材改革”等专题的阅读书目。

身体力行，一路书香

在童年和青少年时期，优秀儿童文学作品读得很少，一直是我内心深感遗憾的事。近年来，亲近母语和《中国教育报》等肯定我在阅读之路上的努力，授予我“阅读改变中国”年度点灯人、“推动读书十大人物提名”荣誉称号。其实和很多优秀的同行相比，我做得还不够，我要向亲近母语创始人徐冬梅老师、新教育童喜喜、四川省教科院段增勇老师、南京师大附中王栋生老师等师友表示衷心的感谢，向夏昆、黎志新、孔晓艳等优秀点灯人学习。我关注他们的阅读推广，总是从他们的身上获得继续前行的力量。

近年来，我有意读了一些儿童文学作品。我读《嘭嘭嘭》《夏洛的网》《柳林风声》《海鸥乔纳森》《西顿动物故事》等，甚至读《父与子》《爱心树》《猜猜我有多爱你》，读梅子涵、曹文轩、童喜喜的作品。我把这当作补课，补读我年轻时候没有读的书。

由于郎酒集团李明政先生的关照，我有机会见到贾平凹、熊召政、阿来、葛水平、张新泉、舒婷、傅天琳、雷平阳等鲁迅文学奖、茅盾文学奖获得者，见过李亚伟、野夫、余秀华、戴潍娜等作家、诗人，我读过他们的大量作品，也总是把他们的优秀作品与老师们分享。我认为语文老师仅仅读教育著作和专业书籍是远远不够的，必须要读大量的古今中外的文学作品。近年来，我重新读契诃夫小说、毛姆的《月亮与六便士》、肖洛霍夫的《静静的顿河》，读叶嘉莹、章诒和、高尔泰、杨显惠、潘向黎等的著作，读陈应松、阿袁、付秀莹等的小说。

身处山区，心系阅读，身体力行，一路书香。我热爱阅读，勤奋快乐地阅读。我到一线教学视导，总是向老师们推荐阅读书目。我把读到的优秀文章与语文老师分享，通过指导一线语文教师去影响更多的学生。我县近500名中学语文教师，大都读过叶嘉莹、孙绍振、吴非、王荣生等专家学者的著作。二十年来，我选用500多篇优秀文章作为我县初中单元检测和期末考试题，引导学生阅读。视导时不少老师曾向我们反映，很多学生把试卷上的《学习是最容易的事》等文章誊抄在笔记本上。作为教研员，我把梅子涵的《快递》、张丽钧的《你的“精神长相”》等文章通过一张张试卷让学生阅读，引领学生精神成长，力求让学生在最美的青春里，阅读最好的作品，为他们精神的成长奠定坚实的基石。

近年来，我为新教育说写课程撰写了90篇教学设计，参加了徐冬梅老师领衔的《新编语文全阅读》初中版和《日有所诵》初中版的编写，参加了四川省教科院和重庆树人教育研究院组织的《高中群文阅读读本》的编写，参加人民教育出版社《群文阅读高中读本（必修下）》的编写。

年轻时总是心比天高，想法太多。年过半百我终于明白：人生只做一件事，足矣。二十年来，我用大量时间与精力，致力于中学生课外阅读的实践与推广，我由一朵山花，熬成一只野果。在我的眼前，经常出现一幅图景：一群山区孩子，睁大眼睛，踮着脚尖，眺望山那边的远方。那些用过我选编读本的学生们，很多已经考上了大学，他们走出了大山深处，走向了更加广阔的世界。

携卷登高唱郎乡，书香溢满赤水河！在巍巍大娄山、滔滔赤水河边，回荡着古蔺师生们课外阅读的声音。知识改变命运，阅读点亮心灯。我相信，在古蔺这块贫瘠的土地上播下的读书种子，一定会在将来的某一天，在学生的心田茁壮成长、开花结果！

遇见最美的风景

湖北省武汉市育才同安小学　刘文颖

刘文颖，湖北省武汉市育才同安小学高级语文教师，儿童阅读推广人、亲近母语培训师。三尺讲台，二十载年华，她热爱中国传统文化，热爱自然，热爱阅读，享受和孩子们一起读书的美好时光。她坚信，与孩子成长在一起，从阅读中获得让生命幸福的温暖力量，才能更深爱孩子，深爱这个世界。

美国诗人惠特曼有一首诗叫《有一个孩子向前走去》，诗里说：

> 有一个孩子每天向前走去，
> 他看见最初的东西，他就变成了那东西，
> 那东西就变成了他的一部分……

看见的如果是早开的紫丁香，那么它会变成这个孩子的一部分；如果是杂乱的野草，那么它也会变成这个孩子的一部分。

遇见美好，多么令人期待！

我是一名普普通通的小学语文老师，教学的日子平淡而忙碌，紧张而充实。我自幼喜欢书，当了妈妈后陪咿呀学语的儿子读书，便自然地，也带着班上的小家伙们一起读书、讲故事。那时，只是因为单纯的喜欢——喜欢看读书时孩子们那一双双亮晶晶的眼睛，闪着动人的光芒。

八年前，我离开家乡的重点小学，来到武汉一所农民工子弟学校。第一节语文课，至今记忆犹新：一篇短小的诗歌，孩子们读得七零八落；一个成语“妙笔生花”，竟然结结巴巴念成“秒毛花生”，惹出哄堂大笑……当时那份惊愕真是深深地刺痛了我。从那时候起，我就下定决心一定要为他们做点什么。做什么？思考再三，我下定决心带着孩子们开始阅读。

我从家里搬来了60多本童书，建立了班级最初的“图书角”，供他们随时借阅；我每天提早赶到教室，带着他们一句一句、一篇一篇开始大声诵读《日有所诵》。慢慢地，孩子们似乎找到了读书的感觉，声音越来越柔和，神情越来越投入，眼眸也越来越亮了。我喜欢听他们激昂地齐读：“但使龙城飞将在，不教胡马度阴山。”我也喜欢听他们轻声地低吟：“我寄愁心与明月，随风直到夜郎西。”沉浸在琅琅的书声里，我感动得想流泪。那时，我第一次深深地体会到阅读带来的不一样的幸福……

后来，一次偶然的机会，我走进了亲近母语儿童阅读种子教师研习营。这场美丽的遇见，为我打开了一扇神圣而精彩的大门：我这才知道，自己捧起了《日有所诵》，是多么幸运的巧合；我带着孩子们去阅读，懵懵懂懂走上的这条路叫“儿童阅读推广”；我也才真正了解到“儿童阅读”竟然还有如此深厚和深远的一系列课程……最让我激动和骄傲的是，我们还有一个充满担当与责任感的称号——点灯人！至此，我觉得自己这条孤单的小船找到了方向，拥有了无比幸福广阔的家园……从那时起，我开始如饥似渴地翻阅大量儿童阅读指导书籍，读经典，学吟诵，尝试自然笔记，在班级逐步尝试开设各项阅读课程。

此后，我一次次往返于南京与武汉之间，不断行走，不断学习。从传统文化工作坊到儿童阅读教师“高级研修班”，又担任亲近母语点灯人飞翔计划导师……就这样，一步一步，和很多优秀的“点灯人”并肩前行——

在路上，

遇见，最美的风景，

那是我和孩子们的阅读故事……

日有所诵，遇见柔软的晨间时光

美好的一天，从手中的《日有所诵》开启。

迎着晨光，孩子们陆陆续续走进教室，轻轻放下书包，随手从班级书柜里取出一本故事书，安安静静地开始读自己的书。等墙上的指针指向八点，领读员就会走上讲台，示意大家拿出《日有所诵》开始晨读。

一年级刚开始学拼音的那一个月，我是利用每天早上 10 分钟带着他们读熟一首，穿插着手指游戏、音乐律动，让童谣变得好玩起来。进入课文学习后，每周一的语文课把单元的 5 篇通诵通讲，从周二到下周一每日晨读 15 分钟，从后往前滚动式诵读。或齐读或轮读，或对读或自由读；或律动或游戏，或打擂或挑战，采用灵活多变的形式反复诵读，让孩子们诵起来，动起来，充分享受其中的乐趣。

除了晨间的诵读外，每节课前还有“热身诵”呢——预备铃响起，琅琅书声又响起来了：当日是周几，就齐诵当周单元与之对应的那一篇，如有需要，还可以及时进行指导。一天8节课，不知不觉中，单篇又诵读了8遍，课课都在这样美好的语言里浸润，想不记住都难！更有意思的是，一个单元5篇，每一篇都与星期相对应，是课前的“每日一歌”，孩子们形成了内在的规律与节奏感。5篇读完，就到周末了，让孩子们感觉每一天每一周都有不同的收获，多么令人期待和骄傲啊！

学校每周四的晨会是“经典诵读”，也就意味着比平时多出10分钟可以“奢侈”利用。这是孩子们特别期待的“点兵点将”时间，当周在各方面取得进步或是表现突出的孩子将获得一次机会，从诵读过的篇目中随意挑选一篇，指定他人或全班背诵。这不光是对他的肯定与鼓励，也是奖赏，更是一种竞赛式的考验。大家都期待自己成为那位点“兵”的“将领”；也愿意自信地抢着成为被点的“士兵”，一展风采。这样的活动，大大地激励着孩子们，也把“日有所诵”当成一种语言的游戏，享受诵读带来的美好时光。有时候读到大家特别喜欢的童谣和小诗，我们也会学着来创作，写一写，画一画，乐在其中。

一天天、一年年坚持下来，就这样从“通讲”的集中学习，再到一首首有规律的分散重复，鲜明生动的语言悄然浸润着耳朵，滋养着孩子们的心灵，集会候场、秋游途中，琅琅童声一首接一首，安心凝神，乐在其中。

而且，很多时候，他们随口而出的，都让人心生感动——

带他们在操场上放风筝，孩子们拉着长线、仰着头，跑着跑着突然会高声念起来：

“风筝是天空的梳子，梳着天空的头发。

我是操场的梳子，梳着操场的头发……”

做完早操，小姑娘捡起花坛边的一片枫叶，兴奋地递给我：“刘老师，您闻一闻，这片叶子里有阳光的香味，有雨水的香味……”

“是啊！”我话音刚落，身边响起一片欢呼的声音：

“只要小小的一枚树叶

就能把伟大的秋的森林

保持在心里呢……”

每日不间断的诵读是孩子们快乐的体验，是水滴石穿的磨砺，也是母语学习最朴实、最有效的方法。我深以为然，也深以为乐。

清晨，我喜欢站在教室的某一个角落静静聆听。窗外绿荫摇曳，琅琅书声又被晨风送出老远老远，孩子们清澈质朴的童声，柔软了蘸着露水的阳光……

自然笔记，遇见诗意的节气光阴

遇见爱朝老师的“自然笔记”，我看到了自然之花开在心里的美好；

遇见看云老师的“古诗吟诵”，我听到了诗词之音失落千年的呼唤。

生命一旦被唤醒，时光便变得有了诗意。我依然记得南京的那个春天里，伴随着飘落的飞花，轻柔而芬芳的低吟，我第一次深切感受到生命的欣喜与感动……

于是，我开始自学吟诵，做自然笔记。当一切准备好之后，我虔诚地捧着书本，把节气与传统文化、自然观察结合起来，在班级正式开设了“二十四节气”语文综合课程。

一开始，我领着孩子们在校园里四处转，看看这株花，认认那棵树，然后大家各自认领一种喜欢的植物作为“朋友”，并为它们取上好听的名字。每个节气仔细观察一次，用图画加文字的“自然笔记”记录着“植物朋友”的生长变化。为了让这样的记录更有仪式感，每个学期结束，我们会郑重地和“植物朋友”告别，为它留下自己的祝福与期待；新学期到来，回到校园的第一件事情，就是兴致勃勃地去看望它们，和它们说说自己的心里话。

每个节气，不光要去看看植物朋友，我们还要了解不少东西：“立春”到，“咬春”“打春”真热闹；“惊蛰”来，春雷阵阵，沉睡的虫子惊醒了；春分“立蛋”；立夏“秤人”；“谷雨”前后，种瓜点豆；“冬至”包饺子，“消寒图”里梅花香……二十四节气里，有着那么多有趣的故事，那么多好玩儿的习俗，给孩子们展现出一个全新的、丰富多彩的世界：原来，我们的祖先与大自然的关系是这样的紧密，二十四节气就是人与天地和谐相处有节奏的呼吸呀！

就这样，与自然与节气对话，孩子们有了一双会发现的眼睛，一草一木也有了和我们相互认知、彼此相通的感情。于是，唱着“二十四节气歌”的孩子们，会时不时给我带来大自然的信息：

“校园门口的那棵柳树已经冒芽，现在已经是六九啦！”

“今天是立夏二候的第三天，我在花坛边真的看到一条蚯蚓爬出来了！”

哈哈，大自然的一切，是多么奇妙！

二十四节气让自然有了规律的细分，让生活有了多姿多彩的民俗，更让我们的日子有了无限诗意。我们的课堂里，自然会流淌着诗词吟诵的雅韵——

“最爱垄头麦，迎风笑落红。”——那是“小满”的趣致；

“今夜月明人尽望，不知秋思落谁家。”——那是“秋分”的思念；

“晚来天欲雪，能饮一杯无？”——那是“小雪”的惬意与浪漫……

就这样，每一个节气里，我带领着孩子们“知物候”“解字源”“乐习俗”“诵古诗”，漫步在四季的轮回中，感受着飞花细雨的优雅与美好，聆听着祖先与天地日月、鸟兽虫鱼的对话，感受着诗词安静和美的生命。他们一天天奔跑在大自然的怀抱里，心儿变得格外柔软：会为小树冒芽而惊喜，会为枝条折断而伤心，也会为烈日寒风中的树木送去祝福和关心。

捧着缤纷的落叶，他们会很认真地告诉我：“最宝贵的财富不是金银珠宝，而是大自然送给我们的这些礼物。”

秋游时，看到江滩的芦苇，他们会手舞足蹈、情不自禁地高声吟诵：“蒹葭苍苍，白露为霜，所谓伊人，在水一方……”

那一刻，我真的觉得自己是世界上最幸福的人。

蒋勋先生在书中写下了这样一段话：“如果我们只知道让孩子背诵唐诗宋词，而忘了让他聆听秋天的声音，那没有太大的意义。回到生命的原点，才能看到美。”

在二十四节气里，孩子们与诗意的自然，有了最美的相遇。

在我们的班级里，美丽的相遇，还不止如此——

班级书柜里，每个学期都要增添好多新书。每次“新成员”到来的时候，孩子们就像过节一样快乐。早晨、午间、课下，随时随地取出一本书，就可以安静地享受一段美好的时光……

绘本课上，有着好玩儿的“创意读写绘”，大家听着有趣的故事，编着自己的梦想，画着自己的生活。共读整本书，大家兴致勃勃，边看边聊，极为满足：“手中的书，拿起来就舍不得放下……”

还有更快乐的，那就是丰富多彩的阅读实践活动——

“森林大剧场”，演课本和童话里的精彩；

“和爸爸妈妈一起讲故事”，是骄傲和幸福的回忆；

“和小伙伴一起行动”，了解家乡的美食美景、民俗名胜，合作创编“武汉速写”；

春光明媚，去东湖绿道骑车，再来开场诗歌朗诵会；

金秋时节，邀上好朋友，一起去江滩赏叶拾叶，巧手拼贴；

冬至来临，和爸爸妈妈们，在教室里包饺子吃饺子，热热闹闹，赛过大年夜……

这么多相遇，留下太多美好的情景，流淌在孩子们的笔尖：“循环日记”里藏着不少忍俊不禁的生活“爆料”；“习作点评”是大家每周期待的“欢谈时刻”；“小练笔”读写结合，学习如何表达……而我需要做的，就是睁着一双欣赏的大眼睛，寻找每一处小小的闪光点，去赞美、去鼓励，然后把所有的美好，都交给明天去期待……

结语·遇见最美的风景

一路走来，并不轻松，不管多少困难挫折，我都在鼓励自己慢慢往前走——因为我的心里有着一个坚定的信念：小学教育的六年，要为人生未来的六十年打好基础。语文教学的目的，不是训练出一个个高分的应试者，而是培养出终身阅读者——他们拥有一颗温柔而勇敢的心，可以自由自在地徜徉在文学与梦想的殿堂；他们拥有一双敏锐而明亮的眼睛，能够在这个逐渐喧嚣浮躁的世界里，更加坚定地看到自己想要走的路，到达更深更远的地方。

而我们，就是这小小的“点灯人”，为孩子们照亮前行的路。

于是在路上，我们都能遇见：

最美的风景

最美的自己……

静静聆听书香“花”语

广西柳州市家庭教育学会　麦　慧

麦慧，广西柳州儿童阅读推广第一人，2015 年“阅读改变中国”年度点灯人，中国全脑教育协会、中国关工委特聘专家，柳州市妇联“163 课堂”特聘讲师。柳北区教育局特聘“专家讲师”，《柳州晚报》特聘“专栏撰稿人”。荔枝 FM 平台签约主播，柳州文庙特聘“书香龙城”专家讲师。广东麦田计划柳州分社少年社公益讲师，广东省“担当者”行动公益组织专家讲师，“月亮船慧文书苑”创始人。做快乐的语文教师、班主任十七年，此后，专职从事儿童阅读推广九年。爱书，爱孩子，爱这份幸福的阅读推广事业，不离不弃，无怨无悔。

我的经历颇有些与众不同。1992 年从师范学校毕业，我分配到柳州市景行小学任教，担任语文老师、班主任，从教十七年，曾获“自治区优秀班主任”等多项荣誉，挚爱着凝聚心血的三尺讲台，辛勤耕耘、无怨无悔。可惜，2009 年 9 月，因为家庭成员的原因，挥泪离开最难舍的教育岗位，调到图书馆少儿部任主任一职，2015年才离开图书馆。如今我是柳州市唯一专职的儿童阅读推广人。我的阅读推广从2010年1月正式开启，第一场由我主讲的阅读讲座《我与孩子同成长》引起巨大轰动。2010年至今，整整九年，我为孩子、家长、教师团队开展各类专题阅读讲座400多场，上绘本阅读分享课、整本书阅读课40多次，以及开展“阅读沙龙”活动；2011年创立幼儿阅读分享讲座品牌“慧心悦读讲堂”；2013年至今应报社之邀在《柳州晚报》上开辟每周“好书推荐”专栏；2014年创建“月亮船”慧文书苑作为书香交流平台……2015年获评亲近母语“阅读改变中国”年度点灯人。《南国今报》、《柳州日报》、《柳州晚报》、柳州电视台、广西电视台、柳州新闻网、都乐网、《中国妇女报》争相报道我的阅读推广事迹。阅读路上，有我耕耘的艰辛足迹——

怀揣《花婆婆》的梦想

当语文老师是我从小的梦想，因为在这小小的三尺讲台上能绽放最柔美的光彩：和孩子们共读一本好书，那是何等的愉悦！十七年的语文教师生涯让我阅读了不少的童书。尤其图画书《花婆婆》，以灵动的描述，展现了一位让世界变得更美丽的“花婆婆”。花婆婆美好纯净的心灵深深打动了我。

2009年，我走下讲台来到图书馆任职。那时的我，目睹图书馆少儿部里众多好书在书架上落满灰尘，绘本书籍无人问津，而一些“垃圾”的书籍则借到卷边散页，心就被深深地刺痛了，心中的梦想越来越清晰——刻苦钻研，做一名儿童阅读推广人！像花婆婆一样，做一件让世界变得更美丽的事情，让更多的孩子、家长、老师认识到更多优秀书籍，树立“分级阅读”的理念，让书香飘洒美丽的龙城。于是，为了孩子们，我更加埋头于书架中

“啃”书，中午将自己关在图书室里，成了图书馆“阅读狂人”，少儿部7万多册书被我啃了一大半，用心钻研各种儿童阅读理论书籍，如饥似渴阅读童书，每年参加亲近母语的中国儿童阅读论坛，不断提升自己。

刚开始，我的阅读推广之路走得不是很顺畅，因为，许多家长会用不屑的眼光来打量我，目光中写满了不信任与质疑。

记得有一天，图书馆来了一位小读者及其家长。妈妈大声催促：快！借两本漫画书就走了。孩子笑嘻嘻地找来了漫画书《阿衰》。此情此景，让我的心直往下沉：阅读这样的书籍，我们孩子的精神世界能丰厚吗？于是，我热情地招呼孩子：“你是四年级的孩子吧？来，这两本漫画书对你来说不是特别适合，老师给你推荐好书。一是曹文轩的《我的儿子皮卡》，作者笔下的人物皮卡重情重义，关爱油麻地里的小白鸽、老牛和小鸟。他也很淘气，做了许多令人哭笑不得的事情。这是一个系列的书籍，展现了一种乡土气息的质朴。另一套是韩国最有创意的科普书籍《哎呀，石油不见了！》等书，作者把许多科普知识蕴含在生活的场景故事中，通俗有趣，这是韩国今年最畅销的好书呢！”几句话说得孩子频频点头，他准备改变主意了。可是，一旁的妈妈皱着眉头，不耐烦地说：“你是谁？有什么资格推荐好书？谁知道这书好不好？”实话说，当时听了这话可真是憋气，想想自己做老师时家长们的那份信任与敬佩，再看看眼前这位态度傲慢的妈妈，有给孩子读书的意识却选择了不适合孩子看的“垃圾”书，心里真有些气不打一处来。但是，理智告诉我：一定要冷静，不要纠缠于别人的误解。于是我吸了一口气，照样面带微笑地说：“这位妈妈，漫画书只是书籍的一种，可以适当阅读。优秀的漫画书能给孩子好的滋养，选择埃尔热或是幾米等人的漫画书就挺不错的。这本《阿衰》纯搞笑，缺少更深的内涵，如果你也来翻翻就会发现这个问题，它对孩子的负面影响较多。我，曾做过多年的语文老师，刚才给您的孩子推荐的文学类书籍我都认真阅读过，适合这个年龄段，读来余香满口、回味无穷。孩子如果看了不适合的书籍，就如同交友不慎，这样的阅读对孩子的帮助不大。你不妨也翻翻我推荐的书，让好书来说话。”这位妈妈半信半疑地拿起来，最终还是放下了，说：还是借漫画书吧！我叹了一口气，心里真为孩子而悲哀。

可是，这一幕被后面另一对即将借书的孩子和家长看到了。她俩快步上前，把我推荐的书籍赶紧拿在手中，说：“老师，你讲得真好，我们信任你。我的孩子就是四年级，我们就借这两本书了。”我微笑了，点点头，心中立即被幸福所包围。是的，好书推荐、阅读推广是条任重而道远的路，就是因为有许多的家长没有这样的阅读意识，白白耽误了孩子。我怎么能够因为部分人的不理解、不支持就放弃自己的好书推荐呢？不，肯定不行！

知道吗？事情最后竟出现了戏剧性的转变。看着后面的孩子快速借走了我推荐的书籍，前面那位孩子嘟着嘴不乐意了，埋怨起母亲来。于是母亲转而哀求我重新推荐好书。有时，事情就是这样，只要自己尽到了努力，可能就会峰回路转、豁然开朗了。

天道酬勤。2010 年 1 月，第一场阅读讲座《我与孩子同成长》正式在图书馆开讲，引起了巨大的社会反响，好评如潮。家长们形容：这是送给我们家长和孩子的“及时雨”；老师们说：这是一场“书籍的精神盛宴”。是啊，九年前，“分级阅读”还是一个让人陌生的新名词，万事开头难，凭借丰富的一线教学经验和刻苦钻研的劲头及读书积累，我的推广之路开始扬帆起航。像那位家长的傲慢与不屑我后来还碰到过多次，但是，我用真诚与事实说话，从不敷衍和放弃。从最初的被家长质疑，到后来赢得他们的无比信任；从最初少儿部读者人流量最高点的 400 多人，发展到最多一天是 1300 多人；从最初的孩子的半信半疑，到后来每次阅读后的兴高采烈，一直追着我要好书推荐……一点点的改变，都让我格外欣喜。正所谓万事开头难，走好了艰辛的第一步，我的推广之路越来越顺畅了！

图画书中的花婆婆把自己的爱播洒在人间，让大地芬芳四溢、沁人心脾，我也要像花婆婆一样，在每一个家长、孩子、教师心中播下幸福的阅读种子，让它生根、发芽，点亮每一个孩子和成年人的心灯。

追求如《犟龟》一般执着

走上了阅读推广之路，快乐与幸福同在，艰辛与奔波并存。九年中，我前前后后应邀走进中小学、幼儿园、社区、企事业单位、媒体单位、农民工子弟学校、县份学校共160多处。最远的地方之一，是到达河池地区凤山县——在那个简陋的环境中，没有多媒体设备，无法看到精美的课件幻灯；没有一张像样的桌子，桌面上铺了床单作为迎宾之用。但是，齐刷刷坐在下面、衣衫还有些破烂的600多名山区孩子满怀期待地看着我，我的无字书分享《十朵小云》便娓娓道来。孩子们听得入神，说得有趣，让在场的老师们不时发出会心的一笑，令我的心中充满了融融的春意。

最难忘的是从2014年开始，我给鱼峰区培智小学的孩子们每个月上的阅读分享课。这是一所地道的农民工子弟学校，得知我答应给孩子们上阅读课，师生们欢呼雀跃。小小的操场，破破的教室，至今，我和志愿者们已经坚持了整整四年时间，这是一场与孩子们永不停下的约会。确实，从2010年至今，从南宁、北海到钦州，从柳江县、柳城县、鹿寨县、融安县、三江县、融水县到凤山县……奔波在路上，除市里学校教师及家长需求外，我的重心更多放在农民工子弟学校的孩子们身上。每次驱车讲课，有暴雨的同行，有雷声的伴奏，有狂风的相随，但是，什么都比不了孩子、老师、家长热切期盼的眼光。阅读推广是让我最快乐的事情。就像图画书《犟龟》的主人公那样，执着而坚定，只要上路，就一定能遇到最隆重的庆典！

孩子，《猜猜我有多爱你》

绘本故事《猜猜我有多爱你》讲述的是大兔子与小兔子之间饱含浓浓亲情的对话，妈妈对孩子无私的爱，孩子对妈妈依恋的爱让人温暖。是呀，我们把“分级阅读”的理念带给孩子们，这就是我们送给孩子浓浓的爱。听，农民工子弟钟瑶瑶说：我喜欢阅读分享课，让我们知道了许多不知道的书籍，实在是太有意思了！大山里的儿童谢婉娟说：原来阅读有这么大的学问，听了阅读分享课，真是大开眼界。孩子们从懵懂选书，到认识了“分级阅读”，认识了图画书，认识了丰富多彩的儿童文学作家及作品，开启了阅读的大门。

2016年至今，应柳州市文新广局之邀，我担任“书香龙城”阅读推广活动唯一主讲教师，每个月给家长与孩子上整本书阅读课、绘本阅读课，每月更新讲课内容，这场活动已经成为颇具影响力的品牌阅读活动，每场均有300多人次参加。在活动中，成千上万的小读者们受益匪浅。看着孩子们灿烂的笑容，我无比开心。孩子们，我用好书来爱你们！

家校同熬书香《石头汤》

就像《石头汤》中的众人一样，阅读是需要社会力量共同推动的。我要充分调动成人们参与阅读的积极性。与学校教师不同的是，我希望：受益的不仅仅是孩子们。每个孩子身后都有父母，都有教师，父母与教师的阅读理念会在很大程度上影响着孩子。带领着他们一同学习新的阅读理念，了解童书动态，经常分享与交流，传播阅读新理念，用自己身体力行的阅读讲座推动儿童阅读，是我始终如一的努力目标。

在阅读讲座定期开展的推动下，许多爸爸妈妈和学校老师纷纷行动起来了：在我的影响下，可可妈妈开了一个“彩虹绘本馆”，成了“故事妈妈”；许多家长纷纷加入我创建的“心灯阅读群”，积极发表阅读见解；家长们带着孩子雷打不动，参加每个月“书香龙城”讲堂的“整本书阅读课”，并用心撰写阅读心得；柳太路小学专门开设了“绘本课”，定期学习绘本知识；雀儿山路小学坚持进行“读写绘”课题的实验研究，卓有成效；柳城县实验小学、柳邕一小、胜利一小、静兰小学则定期在每年的3月份及9月份开学时，邀请我到校给新生家长开阅读讲座，让家长们从孩子入校起就有浓厚的阅读意识。许多爸爸妈妈由此与我、与阅读结下了深厚的友谊。我们的阅读推广，身后有了更多的生力军。我们家校联手，同熬的这一锅“石头汤”，书香四溢，芬芳满园。

能做自己喜欢的事情，内心无比幸福。今后的日子，我想继续与团队老师用心探索能否针对农民工家长人群，摸索一条更适合这个群体持续开展阅读活动的有效途径与方法，帮助他们也如城里家庭一样，让儿童的成长少些遗憾，多些书香的馈赠，这是我今后很长一段时间的研究方向。

阅读路上，我怀揣初心，始终如一，愿做孩子的贴心人、家长的领头羊、老师的好助手。我坚信：阅读是朵美丽的花，我要与孩子们、家长们一起，静静聆听书香“花”语！

追寻心中的青鸟

江苏省徐州市睢宁县实验小学　宁海侠

宁海侠，中小学高级教师，江苏省徐州市学科带头人，徐州市“十佳领读者”，亲近母语优秀公益导师。多年来行走于儿童阅读推广和研究之路，主持市级“十三五”整本书阅读教学课题研究，多篇文章发表于省级刊物。

每每忆及我的童年，最温暖的所在就是坐于街角的书摊，入迷地阅读着一本本小人书。日暮黄昏，光线渐暗，手中的书仍是不舍放下。目光追逐书摊主人载书离去的身影，那一刻，竟觉得他是这世界上最幸福的人！小小连环画将我引入了文学的殿堂，也在我心里结下了阅读的情结。缘于这种情结，师范毕业后，我毫不犹豫地选择做一名语文教师，期冀带领孩子们享受阅读的快乐，感受文学的美丽。

师生共读——打造阅读教室

踏上工作岗位，我所面临的现实却是反复琢磨感悟的语文课堂和做不完的习题训练，阅读已被挤压得毫无立锥之地。由于班级多，生数多，我们学校的课间常是人声鼎沸，环境异常嘈杂，学校生活浮躁不安。这是语文和学校应有的样子吗？出于自身对阅读的喜爱和对语文教学现状的反思，2008 年，我开始在班级实践大量阅读的实验，希望通过阅读改变语文教学“少、慢、差”的现状，改变班级嘈杂浮躁的教育环境，打造属于自己的“阅读教室”。

为了解决书源和时间问题，我一开始以书信的方式向家长宣传阅读的重要性，倡导亲子共读。家长们很支持班级阅读活动，《彼得·潘》《柳林风声》……一本本经典的儿童文学作品进入了课堂，进入了家庭。孩子们如饥似渴，我和家长们也从阅读中重温了美好的童年。虽然我每天要带着孩子读书，用便笺的方式和家长交流孩子读书情况，累得腰酸背疼，但内心却很快乐。

随着阅读实践的深入，2009 年，我在班级成立了家长委员会，家长正式参与“阅读教室”的建设工作。我们一起布置教室，为孩子们创设温馨的阅读环境。统一购买书籍，建立班级“图书馆”，引导孩子们采用“图书漂流”的方式自由阅读。在此基础上，我们又计划每个月共读一本书，重点进行交流讨论。这样，既满足了孩子不同的阅读需求，又将精读和略读有机结合起来。家委会帮我打印每天坚持使用的亲子阅读交流卡和阅读材料，让我把更多的精力用在孩子们的阅读引领上。

我没有满足于拥有一间安静的阅读教室，还和孩子们一起去阅读生活这本书。阅读《孔子的故事》，我们远赴山东曲阜考察圣贤的故里。阅读《青鸟》，我们在舞台上表达自己的理解……我们还组织了“故事妈妈进校园”“我给学弟学妹讲故事”“家庭读书会”等活动，为全校师生讲述故事，推荐童书，宣传家庭阅读的重要和乐趣。世界读书日，我们班为两所乡镇学校捐赠了四套班级共读书，让图书漂流，共享书香。丰富多彩的活动，既锻炼滋养了孩子，还培养了一批“书香妈妈”。阅读，让我和家长心手相牵，带着孩子共同踏上了追寻青鸟的征途。

课程开发——改变校园教育生态

2011年的春天，偶然的机缘，我参加了中国儿童阅读论坛，它为我打开了一片前所未有的儿童阅读专业视野。渴望学习的我申报了“亲近母语”“十二五”课题的子课题“小学整本书阅读交流有效策略研究”。我的“阅读教室”和课题得到学校领导的关注和支持，希望我带领更多的老师进行阅读实践，从而改变整个学校的教育生态。从此，在“亲近母语”的引导下，我和课题组开始了全校乃至全县的儿童阅读推广研究工作。打造“阅读教室”“阅读办公室”，为学校购买40多套学生漂流共读书，让老师和孩子们先读起来。课题组每学期在不同年段开展阅读研讨课活动，举行全校性阅读专题研讨和汇报活动，推动学校阅读专业化发展。课题组研发的《睢宁县实验小学亲子阅读手册》和《整本书阅读教学指导手册》，有效地引领了家长、老师、学生共读一本书活动。“图书漂流”“好书传递”“绘本剧表演”等活动则丰富了学生读书生活，让更多家长走进了阅读。2012年和2013年，县教研室以我的课题组研究活动为蓝本，在全县多次举行儿童阅读研讨推广活动。我和组员送课下乡，将经典童书和阅读理念带给偏僻乡村的老师和儿童。通过这样一次又一次的阅读推广研讨活动，学校一批儿童阅读推广主力军成长起来，阅读走进了全县的教室、家庭和学校。

阅读悄悄地改变着校园以往的嘈杂躁动，书香氛围慢慢浓厚起来。2013年，我校被评为徐州市“书香校园”。但随着阅读研究的深入，我发现若想真正改变语文教学现状，必须进行课程的改革。2014年，学校为我成立了儿童阅读研究工作室，在整本书阅读研究成果基础上，又开始了构建“关注儿童生命成长，提升阅读表达能力”的全语言儿童语文课程的研究。从儿童的需要和发展出发，我对小学语文课程进行整体的重构，通过主题将多种课程资源进行整合与重组，实现儿童听、说、读、写能力的整合式发展。工作室研究开发了晨诵、主题阅读、整本书阅读指导系列校本课程教材，让诗歌、图画书等经典文学作品正式进入课堂，极大地丰富了语文课程形态。

以阅读为核心的语文课程改革，不仅用阅读滋养了孩子的心灵，提高了孩子的阅读能力，也温暖了我们自己，踏上了母语回归的征途。

公益行动——引领社区阅读

在课程的实施推进过程中，我深切地意识到，一个书香充盈的社会环境更有利于孩子阅读习惯和阅读品质的形成，书香家庭，书香睢宁，至关重要。这个超越了校园范围的想法，在不知不觉中成为了我和实小儿童阅读推广人的梦想与使命。

2015 年 8 月，在我的鼓励支持下，儿童阅读研究工作室成员张娜，用自家房子创办了萤火虫图书馆。我组建了阅读推广志愿者团队，每周到萤火虫图书馆义务讲述童书，面向社会推广阅读。“萤火虫公益故事会”深受孩子们和家长的欢迎，每个周末馆内都坐满了等待听故事的人，这场景极大地鼓励了我和志愿者团队。我们和萤火虫图书馆联合成立了萤火虫阅读推广中心，制订了“书香睢宁——萤火虫阅读推广计划”：一方面通过网络进行阅读指导和经典读物推荐，分享交流阅读感受；一方面以“萤火虫公益故事会”为平台，周末有计划地和家长孩子们分享主题经典故事，放映名著改编的电影，穿插举办家长学校。迄今为止，萤火虫 QQ 群已达 1 000 多人，“萤火虫公益故事会”举办 100 多期，放映经典影片 40 场次，组织主题诗会 10 场，惠及上万家庭和儿童。我们萤火虫推广中心还为留守儿童送去温暖和帮助。2016 年 4 月，萤火虫阅读推广中心联合睢宁民政局，发动了为留守儿童捐书大型公益活动。我和阅读推广志愿者两次前往王楼社区和庆安小学捐书，并为当地留守儿童送去故事会以及专业的心理疏导服务。2016、2017 年春节，我为县电视台连续录制“年的故事”讲述节目，推广中国原创图画书。萤火虫阅读推广中心的公益行动取得了积极良好的社会影响，在引领全民阅读，打造书香社会工作中发挥了重要作用。

2015 年，在亲近母语的培养和引导下，我参加了“春桃·点灯人伙伴计划”公益活动。作为公益讲师的组长，我一直坚持在网络上和结对学校的老师沟通交流，进行儿童阅读课程的培训指导。2016 年 3 月，我远赴江西瑞金，走进多所乡村小学进行实地采访培训。2016 年 8 月，受担当者行动公益组织邀请，我作为入组导师参加了第四届全国“阅读领航员”培训活动，现场授课和专题讲座得到了学员们的一致好评。培训结束，我又欣然接受了担当者《文学与表达阅读指导手册》的编委工作，相信这套书将给乡村教师提供教学帮助。2016 年 10 月，我和杂志铺全民阅读办公室联合，在睢宁和江西多所伙伴学校推广“杂志漂流进校园”活动，将一本本免费杂志送到孩子们手里，组织丰富多彩的阅读活动。作为儿童阅读推广人，我每个学期都会去睢宁兄弟学校上阅读示范课，给老师们开儿童阅读讲座，并多次受邀为江苏省师范大学承办的省骨干教师培训班授课培训。

蓦然回首，我踏上儿童阅读推广这条路已近十年。从一个人到一间教室，从一间教室到一所学校，从一所学校到更多的学校、社区，我发现自己一直在追逐儿时的梦想，那个记忆中温暖的书摊和夕阳下的阅读。我曾经认为自己的忙碌和辛劳是为了孩子们，但这一路走来，我却分明拥有了沉甸甸的收获：阅读的积淀和实践磨炼，让我的文学素养和专业水平不断提升，多篇儿童阅读类文章发表于省市级刊物。2014年，我被评为徐州市“学科带头人”，入围中国新闻网“阅读改变中国”年度点灯人；2015年，被评为徐州市“读书先进个人”，并通过中学高级职称评定；2016年，被评为徐州市“优秀共产党员”和春桃基金会“优秀公益导师”；2017年，被杂志铺全民阅读办公室授予“全国十大校园阅读推广大使”称号，并入选“亲近母语儿童阅读导师”和“百班千人共读导师”。最重要的是，我在本地区获得了家长、学生的一致认可和赞誉，他们都喜欢我这个爱阅读、会讲故事的宁老师！2017年，经民众推荐，我当选睢宁县“我眼中的最美教师”和徐州市“十佳领读者”，电视台等多家媒体报道了我推广儿童阅读的历程。

收获，固然让人喜悦，而努力追寻的过程，却真正决定了幸福的厚度。感谢阅读，让我找到了最好的自己！感谢阅读，点亮了我和周围人的生活！

听，我给你讲一个永远也讲不完的故事

山西省运城市稷山县蔡村乡蔡村小学　宁慧敏

宁慧敏，山西省运城市稷山县蔡村中心校“烛之光”阅读团队图画书项目组组长；校阅读推广中心负责人；点灯人读书会稷山分会会长；2017年度亲近母语全国优秀种子教师；亲近母语星星点灯计划二期教师；亲近母语培训师；担当者公益讲师；2017年荣获星星点灯诗歌创作大赛“优秀教师”；2018年入围“阅读改变中国”年度点灯人；参与编写《小学创意写作》系列丛书；儿童画报《绘读绘写》杂志专栏特邀专享教师。

一直以来，我总想做那个擦亮星星的人，想让那束温暖的光亮滋养孩子们的童年。时至今日，每每看到孩子们在课堂上读书、推荐好书、讲故事、编演绘本小短剧、创作绘本、自由读写的情景，心底不免有些小小的欣慰和感动。他们以各种形式诠释自己在书中获得的快乐和成长，这不正是我所期盼的吗？

旅程伊始，关于美好未来的种种畅想，宛如电影画面般在脑海中播映。奔向梦想的未来，要做些什么，又怎么去做，千般思考与践行，才好告诉自己我没有辜负这一段岁月。于我而言，因为一直的期待，所以每一个开始都成了永恒。

向着明亮那方，出发

2014 年 12 月在中心校加志宏校长的带领下，我们一行 7 人直赴柳州市文惠小学，参加点灯人“图画书讲述”专题工作坊。工作坊由著名儿童阅读推广人余耀和刘颖老师联袂主讲。

就是在那一次，我得到在工作坊中执教图画书讲述课《我的名字克丽桑丝美美菊花》的实战演练机会，这也是我第一次真正意义上接触图画书。尽管课堂上有些不完美的地方，但是无畏地跨出这一步，我想这也是一种成长。余耀老师的评价，以及与各位老师的接触交流，让我对图画书的内涵有了更清晰的认识，也领会到了文惠小学图画书阅读的“六字”教学模式：察、猜、读、复、填、创。更多的是让我在阅读教学策略、班级图书管理等方面都有不少触动。

在返回的列车上，我们就一直研究、探讨到了深夜，神采间洋溢着激昂。那一刻我们似乎都忘记了疲劳，忘记了休息。回来后，总结我们的实践思考，我给全联的老师们上了一堂图画书公开课——讲述的力量，就这样带动全联老师一起上路了……

我在哪里，孩子就在哪里

2014 年寒假，我看到了一本书，那是余耀老师的《由图画书爱上阅读》。读完后，我久久不能平静。我突然意识到，我是否可以开始改变自己，慢慢地改变我的班级，多为我的孩子做一些事情。

一个偶然的机会，我成了一名普通的一年级班主任。我常常想：这些个小不点儿，我该教一些什么给他们呢？在校的学习和习惯中哪些可以让孩子一生受用、终身受益呢？我常常这样想着，包括现在，我仍在不断地摸索着前行。

面对一个个蓓蕾初放般的生命，我立誓要把最好的带给孩子们。那就是让孩子们爱上书籍，爱上阅读，爱上写作。让童话与童年相伴，让童心在最纯真的岁月里跳动，让每一个孩子慢慢喜欢阅读，习惯阅读，享受阅读，直至成为经典读者。

我常跟身边的同事说，这才是理想的语文，这才是最美的语文风景。于是，我坚持自己的那份信念，带着孩子们开始踏上了征程——让书香浸润童年。于是在那个普普通通的教室里，悄然开始了一个美丽的出发。我的书香班级建设的做法如下：

（一）创建图书角。每年根据亲近母语分级书目，给孩子们购置图书，让丰富多彩的书籍浸润孩子们的生活。

（二）书香小组建设。多元化的阅读形式，让每个孩子阳光自信地成长：

一周两故事：一本教师大声读给孩子听；一本书香小组自主选择，开火车交流大声讲给全班同学听，生生有出彩，个个有高招。

周一：教师给孩子们上自选的图画书课，结束后交流填写阅读单。

周二：各小组共读一本图画书（选取组员一致推选的一本书）进行阅读，教师巡视指导，书香小组长带领。

周三：小组交流，试讲故事或分角色大声地朗读故事。（可带动作，有情感地讲出故事。）

周四：各组人员在小组内展示，展示过的同学在黑板上用粉笔给自己画上一面小红旗，并在红旗上面填写自己的排号。

周五：全班展示（每组选取一名到两名），评选一个优秀小组，组长带领组员在黑板的小组建设中自创一朵大红花，以此对这周故事展示填上最完美的一笔，激励学生不断进步。

（三）阅读活动实施。组织班级开展“我的故事讲给你听”、“你来读书我点赞”、“超级演说家”、“好书推荐”排行榜、“猜猜我是谁”、“童书故事会”等阅读栏目，让每个孩子在读书中感受阅读的乐趣，悦读悦心越快乐，这是我梦想中的童年该有的样子。

活动评价机制方面，为了促进学生们之间的阅读交流与合作，能够一起读书，一起进步，在阅读活动的开展中，我研发实施阅读评价机制——“星星标记”“幸福记忆”“幸福印章”“竖起你的大拇指”，那一张张自信的笑脸，一颗颗幸运星映射着孩子们的出色，彰显着孩子们的成长与进步。

特色引领，多元化阅读课程

多年从事一线教育的我，在2014年底，被中心校任命为校阅读主任，并在中心校组建的“烛之光”阅读团队担任图画书项目组的负责人。

在这份欣喜中，我曾有所担忧，有所顾虑。那就是在阅读的道路上，如何带领老师们一起把这些经典的文学有效地带给孩子们，如何着手才能做到更好。为此，我开始不断地思考、实践、创新，制订出低段孩子阅读实施方案、讲故事评价机制、班级群体化的综合评价机制、星级评价机制、说来听听、讲故事实施方案等一系列阅读实施方案，并为孩子们搭建了故事平台、说来听听、超级演说家、小小故事会等展示平台，丰富了孩子们的文化生活。

为了让阅读纵深化发展，我变成了网虫，查阅资料，买了大量跟阅读有关的书籍。很庆幸的是遇到彭懿老师的《阅读与经典》，我怦然心动，激动万分。我想我一定要把这些经典的书籍带给我的孩子，带给我身边的老师们。之后在100多个日日夜夜里，我利用所有的休息时间，从网络下载并整理制作了500余本电子版图画书，有时候下载不下来，我会用自己那微薄的工资去购买精装正版。回来后，我用手机一张一张地拍照，一张一张地剪切，又一张一张地粘贴，制作成幻灯片，积少成多，形成资源。就这样，一个充满诗意的“慧敏图画书”文件夹供全中心校9所小学使用，让1 000多名乡村孩子受益。近几年来，这个文件夹传遍了稷山教育的每一个角落。

在接下来的日子里，通过外出学习、线上教研、做示范课，我一直不遗余力地传播新的阅读理念，进行课题研究、阅读教研，组织阅读活动。每一学期，我都会结合亲近母语推荐的分级书目，进行阅读教学实践活动。

阅读之花开遍乡野，被同事们戏称为“阅读的疯子”

自2014年以来，我和学校的阅读班子精心规划，与校领导一道商榷，为我校12个班级组织建立室内读书角，设定班级图书管理组织机构，实行室内图书漂流。此外，每个学期末，我都会为学生精心推荐假期书目，鼓励孩子们阅读。截至目前，我们的室内读书柜图书资源丰富，并建立了借阅登记册和读书记录卡，12间教室相当于12个微型图书馆。从那刻起，我就成了同事眼里的“阅读的疯子”！我想那小小的一隅，深深地进入了孩子们的生命。也许某一时刻，当生命需要的时候，这些提早注入生命的能量一定会被看见，从而滋养生命。

每天我都会用大量的时间带领着孩子们去朗诵、读绘本、讲故事、绘画、自制绘本、小手会说话等，并主持研发了低段（一、二年级）“你让想象有了翅膀”——童诗创作，“小手会说话”——看图写话，中段“童真集”——我是小作家，高段“我手写我心”——说说我的心里话等多元化的阅读栏目，做到了班班有特色，生生有出彩。这几年家长们都抢着把自己的孩子送进我的班。所以，每年我们班都是全中心校人数最多的一个班。

我还多次承担中心校阅读教研日图画书课型展示，引领整个中心校乃至整个县域的图画书阅读教学。我创建了“博海书院”慧敏阅读微信公众号，展示自己的阅读成果，交流阅读经验，发布最前沿的阅读理念。从河南到四川，我多次外出做课，讲述图画书教学的理念和策略，把阅读的种子撒遍周边省市县，成为中心校图画书多元化课程的“代言人”。

最是书香能致远，如果说读书是一种营养输入，那么腹有诗书气自华则是自信输出。在我自行研发的创意写作课程中，通过文字和不同年级孩子交流成了我每天最大的工程，我会洞察每个孩子的内心变化，知道班里大大小小的故事，它像一个小小的窗口向我传递着一间间教室发生的所有。而我获得的额外奖赏就是拥有了一群小小的知心朋友，他们会给我讲述他们的秘密，让我们成为彼此的唯一，也会告诉我他们的困惑，我也能及时帮助他们走出迷茫。岁月里的点点滴滴，只要触动了心灵，就会通过文字表达出来。

以一人之力撑起一片天空，创办校刊，成了孩子中间的“孩子王”

2015 年 4 月，南京，我参加亲近母语第十一届中国儿童阅读论坛。阅读理念的提升让我有了很多想法。5 月，经过和团队的研讨，我们创办了自己的校刊——《荧光闪闪》。校刊每月一期，刊登好的读书方法、读书成果、书目推荐，交流读书感受，发表学生作品，成为中心校阅读教学成果展示的主要阵地，也为孩子们提供了习作的空间，搭建了自我展示的平台。因为跟孩子们的阅读结缘，孩子们只要一见到我，都要纷纷跑过来亲热地、大声叫我“慧敏老师”：“慧敏老师，看看我最近的读书心得”，“慧敏老师，我的作品在校刊上发表了”……看着孩子们欣喜的笑容，听着孩子们这声声亲切的“慧敏老师”，满满的幸福充溢在我心间，也深深感受着“悦”读带给他们世间最美好的一切。

2016年4月，在亲近母语第十二届中国儿童阅读论坛中，我们蔡村中心校荣获2016“阅读改变中国·年度书香校园”的称号。再一次站在亲近母语那座高高的舞台上，我看到了孩子们稚嫩会心的微笑；看到了孩子们读书时，那活泼的面容；看到了老师们点灯时，快乐畅行的姿态。不知不觉，我的眼泪已悄无声息地流了下来。我为孩子们骄傲，为老师们的付出欣慰。又一年的欣喜，又一年的成长，我们且行且珍惜，且行且幸福着！

后来，无论是我荣获亲近母语优秀种子教师，还是入围星星点灯第二期教师、亲近母语高级研修班，抑或是入围“阅读改变中国”年度点灯人，我的班级被评为全国“优秀书香班级”，我都在漫漫的行程中，收获满满。

点灯人读书会：那份热爱，引领了一方人

2017年10月23日，点灯人教育官方微信对外发布的点灯人读书会招募令，瞬间吸引了我：我何不申请稷山分会会长试试呢？短短一个月时间，经过资料初审、初次电话沟通、资格复审、深入沟通等几轮严格的选拔，我终于从来自全国各地的120位分会会长申请者中脱颖而出，成为点灯人读书会稷山分会会长，拉开了稷山分会试运营的序幕。

为了做好读书会的各项活动，更好地推进全民阅读，我成立了“博海书院”慧敏阅读公众号，每天一故事、一周一推荐、每

月一分享。我还邀请葛欣老师、蒋智斌老师、曹亚男老师分享自己的阅读经验，让更多的人掌握阅读的方法，享受经典的魅力。在之后的一段时间里，我开始思考、开始设想、开始规划，如何让这个充满诗意的读书会更加充实与多彩。于是，我实施开展了以下阅读栏目：

每日手绘正能量——经典语录开启我们美好的一天。

每日童书推荐——为家长和教师们提供分级书目的介绍，从优推荐，让更多的孩子享受更多优质图书。

每晚故事会等读书栏目——针对我们乡村留守儿童，爸爸妈妈外出打工，爷爷奶奶在家照看，这样他们每天晚上 8:00 打开读书会的微信群就可以听到好听的绘本故事，像爸爸妈妈陪伴在他们身边一样，读书给他们听。通过这样的一种方式，更多的孩子享受到故事的趣味，从而更加热爱书籍。

每周阅读大分享活动——要让更多的孩子享受到读书的乐趣，阅读必须课程化、常态化。这样面临的问题就是老师们的经验不足，不知道如何去做，特别是刚开始做的老师。如何引领孩子们在阅读课程化的模式中一起体验阅读的快乐，享受到多元化的阅读模式，完成和构建儿童完整的生命课程？为此，我特地邀请到一些在阅读课程、亲子阅读等方面的专家老师进群分享，为老师和家长们解除困惑，提供方式、方法，让他们更好地成长起来，使更多的乡村孩子受益，让童年五彩斑斓、书香满地。

圆满结束三个月试运营后，2018 年 4 月，“点灯人读书会——稷山分会”正式成立。我满怀欣喜，仅仅六个多月的时间，共发展会员 500 余人。这些会员，辐射在全国各地各行业，有一线教师，有教育部门领导，有杂志编辑，有书店管理员……

为了让读书会的读书氛围更加浓厚，激发大家的阅读热情，我充分利用互联网的优势，将读书会的活动分为“线上”“线下”

两种形式。“线上”活动有：亲子阅读系列、图画书课程系列、整本书阅读系列、童诗创作、儿童阅读理念提升、中国原创绘本系列、自然生命课程的回归等。“线下”活动则是借助多种资源，组织合办，共同开展内容丰富多彩、形式多元化的特色活动。

在路上——向着明亮的那方

每个屋檐下，因为那一抹书香的味道，一盏盏温暖的灯光正悄无声息地亮起来。每间教室里，因为我们的老师，我们的孩子，我们的课程，我们的梦想，这一间间教室便开始不再只是一个空荡荡的壳子，而是成为一个我们心灵的栖居地。

我们欣喜地看到孩子的文字中不仅仅有外在的环境，更有发生在这间教室里的一个个有生命力的课程。慧心阅读，敏而上行，只为着迷于儿童文学里旖旎的风光和幸福的质感。我只想让书香成为孩子们童年最幸福的记忆，让最美好的世界赋予孩子一切的快乐。

教育，是一场修行

内蒙古自治区巴彦淖尔市丹达木头乡总校　牛　宇

牛宇，内蒙古巴彦淖尔市丹达木头乡总校教师，在乡村学校从教十四年。马云公益基金会2016届“乡村教师奖”获得者，马云公益基金会2017届、2018届“乡村教师奖”评委。2018年阿里巴巴XIN公益大会演讲嘉宾，2019年“阅读改变中国”年度点灯人，内蒙古巴彦淖尔市青年联合会第三届委员会副秘书长，黄河志愿者协会会长，亲近母语总课题组核心成员，亲近母语培训师，“新教育”实验种子教师。

无限相信阅读的力量！

无限相信儿童的力量！

——题记

教育，是一场修行，是一次心的发现之旅。心，是一切的根本。

在这场修行中，你能看到什么，收获什么，全在于心的修炼。修炼的难关不在闭目养神的内省，而在投入日常琐碎里的研磨。

天长日久，做教师的，守住修行里的清苦和艰难，才有花开见佛的可能。

当乡村老师的这些日日夜夜，我和孩子的灵魂互相浸入和渗透。我的理性、边界、固守和自以为是的聪明，和孩子们的感性、宽容、自由和憨头憨脑的笨拙，始终纠葛着，仿佛走高空绳索，我总是努力保持着平衡，小心翼翼，唯恐稍有不慎，坠入深渊。

一间教室，三尺讲台，无论华贵还是简陋，于我而言，它们都具有神圣性。每次面对孩子，总有一种静悄悄的威严在不断提醒我：要严肃对待教育，要时常审视自我。每个孩子的童年只有一次，我和他们的缘分短时擦肩而过，长时也仅仅只有小学六年，这些时光看起来漫长，却也一晃而过。

我的从前

可是，修行如果容易的话，要这漫长的一生干吗呢？

我从前看着淌着鼻涕、蓬头垢面、衣衫俭朴的他们，心有失落，恨他们的家长不争气，怨我为何要教这样的孩子。我觉得自己不该属于他们，不该属于乡村。

每次检查作业，站起来的总是那几个面无表情的孩子，我用尽办法也不能让他们因此感到羞愧。发愤图强是什么，落后意味着什么，他们不关心，反倒是饭量越来越大，不顾一切地吃东西。身体在长大，思想呢？我忧虑着……

冬天的黄昏，墙根的土坑里，几个孩子撸起袖子，露出不知道多久没洗的手臂和脖子，灰头土脸，以摔跤取乐，作业抛到脑后，没有哪本书能吸引到他们。在他们空洞乏味的“嘿嘿嘿”的笑声里和满口脏话里，我忧虑着……

我将在他们的生命里留下什么印迹？

他们珍贵的童年能否因为我，而受到更好的启迪和影响？

我战战兢兢寻找答案，可问题总比喜悦多，我想给的也太多，可我想要的也太多。几百年前，夸美纽斯曾说："教师是自然的仆人，不是自然的主人，他的使命是培植，不是改变……"

培植，是顺应规律，"夫物芸芸，各复归其根。归根曰静，是谓复命。复命曰常，知常曰明"，可是，我如何才能做一个"致虚极，守静笃"的"明"师呢？

我的阅读

阅读，是一条自我救赎之路。

《少有人走的路》开篇写道："人生苦难重重。"

我虽身处乡村，可是仍能感受到中国社会正在进行着巨大而动荡的变革。互联网，深刻冲击和改变着每个人的生活。古典在《跃迁》一书中疾呼这个时代是一个"信息变多、思考变浅、机会变多、竞争跨界、随时干扰、永远在线"的时代，人群的焦虑和恐慌被放大。

世界将越来越快，人越来越复杂。

我们被手机奴役，在搞笑短视频、心灵鸡汤、眼花缭乱的直播和游戏里迷失方向，如何穿越喧嚣抵达寂静？如何在快的世界里，学会慢？我思考着。

也许，两点之间最快的不是直线，而是阻力最小、控制点最多的线。这条线就是我、儿童和阅读之间那条最恰如其分的路。

有一年大雪之夜，读完刘震云的《一句顶一万句》，心中似有刚开闸的大河，波涛汹涌地向前奔流。"人是掰扯不得的，掰扯了别人，就是掰扯了自己"，故事中的人物是陌生的，而心底的情感却是相似的。

阅读中，有慰藉，有自己，有天地，有万物。

作为一名教龄十四年的乡村教师，阅读是我的救命良药。

2016 年我参加马云公益基金会“乡村教师奖”的评选，经过几个月的层层选拔终于进入面试，8 分钟发言让我紧张得出了一身汗，原本熟悉的稿子忘得干干净净，一时窘迫不安。可就在这时，我忽然想起了曾深深影响我的两部作品——费孝通的《乡土中国》和熊培云的《一个村庄里的中国》，我想起“没有土地，就没有灵魂”，那一刻我不再为自己是乡村教师而感到自卑，好好地利用这天然的资源去丰富和滋养自己，不好吗？

从 2009 年开始，我有意识地广泛阅读，每个月逼自己采购一箱子书并读完。这个过程训练了我对书籍的辨别力，从出版社到作者，从文字到类别，有了好坏优劣的基本判断，坚定地爱上罗素、杜威、王小波、张爱玲……

那几年，在阅读的世界里漫无目的地闲逛，没有方向和目标。

2013 年，迎接宝宝出生的那一年，我读了许多育儿书籍。一年后，和儿子一起读古诗词，读《道德经》。随着儿子不断长大，我开始大量买图画书，仿佛爱丽丝掉进兔子洞，走进另一种奇妙。

2015 年以后，我读教育专著，写教学日记。《给教师的 100 条建议》和苏霍姆林斯基给我启示：你今天遇到的问题，其实早有人经历过，并且找到了更好的方式。你要做的，就是学习。

2016 年荣获马云公益基金会“乡村教师奖”是我乡村教育工作全新的开启，我重新思考并规划了职业和人生的方向。

2017 年，我追随亲近母语研究院的脚步，对个人阅读与学习、班级阅读课程做了新的建构，将我的教育教学专业化发展之路定位为儿童阅读推广和儿童阅读课程化研究。

2018 年，深入了解儿童文学，给自己制订了一年读完 100 本书的计划，现在已读完 90 本，写了 27 万字的教学日记和读书笔记。

眼界，是比知识和技能更重要的东西。

读万卷书、行万里路，为的是寻找自己。教师可以日复一日、年复一年地原地踏步，毕竟薄薄的教科书早已烂熟于胸。可是，孩子的生命每时每刻都需要滋养，乡村教师该是孩子们的“远方”。

乡村学校，不能总上演苦情戏。艰苦是事实，但这世界不相信眼泪，乡村教师应该让孩子们在自己的身上看到努力，看到修养，看到希望和坚韧不拔。

乡村偏远，简陋，安逸。我常常担心自己有一天会淹没在这份安逸里，像许多教师那样，在该努力的时候停止生长。于是，近五年来，我把大量时间用在阅读、写作、反思上，独自折腾如何让课堂更精彩，抓住一切机会走出去学习，见得越多，越不敢懈怠。

如果有天去远游，只能带一本书，我要带上《犟龟》，如果能带两本，就加上《植树的男人》。这两个简单的故事长久打动着我，指导着我。

“只要上路，就天天走，总会遇到隆重的庆典。”乡村教师的路难走，可是谁的路容易呢？这些年的不断努力，我渐渐得到认可，孩子们有了美好的改变，周围许多老师也加入了儿童阅读推广的行列。

我的课堂

2018 年暑假，我拜访杭州凤凰小学缪华良校长。一下午时间，他强调了教师专业化发展的重要性，将凤凰小学的课程特点做了详细阐述。体育活动课程、游戏课程、塔式课程、拓展型课程、LPE 基础性国家课程校本化实施，等等。我感叹于南北教育差距之大，也明白了一所学校一头挑着教师，一头挑着课程。这是学校的灵魂所在，来不得丝毫马虎。

反观我的课堂，这些年在形式和内容上都做了不同程度的改革，将诵读、主题阅读、整本书阅读、图画书阅读、表演、写作纳入课表。我认为只有将课程书目、课时安排等相关内容确定后，并依此严格执行，上课才有章法，学生才能真正有所得。

2018 年在课程开展方面的进步之处是心中有数：一是明白课程展开要有条不紊，不能泛泛而谈，必须专业深入；二是通过读专业书籍和导师们的学习，在课程设计上也知道如何下手了。

我班上的学生经过三年班级阅读氛围的滋养，形成了良好的阅读习惯。根据调查，他们在四年级时平均阅读量是每人 150 万字，超过了新课标对六年级优秀阅读量的最高值。每个学生每天都会留出固定时间读书，并且真正明白读书的乐趣，每天语文课上小组轮流上台分享读书心得，分享时还进行互动。

这个部分确保了学生想读、想说、爱读、会说的基本阅读要求，相当于给班级阅读课的开展打了个坚固的地基，让学生有了阅读的“入口”和“出口”。

所谓的“入口”就是阅读分级。教师要充分了解学情，给学生推荐合适的书，并且确保班级书量充足，让学生随时随地能拿到好书，翻开哪本都能被经典的故事吸引进去。

有“入口”，还要给“出口”，读进去很重要，但是说出来更重要。孩子的语言表达是思维整理的过程，边说边想，潜移默化中训练了孩子对内容整理和信息提取的能力。“出口”，不仅让每个孩子找到自己的“出口”，还要感受别人的“出口”，让同伴之间的思想建立联结、形成流动，这大概就是佐藤学所说的“将儿童与儿童串联”。

我使用亲近母语的《日有所诵》教材已有一年。这一年中孩子们每天课前读一个单元，每周一上诵读课，每天晚上和节假日在微信群语音打卡。2018 年五年级的《日有所诵》《我的母语课》开学后统一购买，每人一本，目前学生已读完第一单元，我完成了通讲任务。

整本书和图画书方面，四年级共读了《长袜子皮皮》《大森林里的小木屋》《犟龟》《一片叶子落下来》《不老泉》《夏洛的网》；2018—2019 学年，我们计划共读《铁丝网上的小花》《公园里的声音》《小鹿斑比》《时代广场的蟋蟀》等。

9 月，我们完成了生命主题阅读——《奥菲利娅的影子剧院》和《再见了，艾玛奶奶》图画书阅读课。也许有人会问：孩子懂什么生老病死？这些话题是不是太沉重了？可认真听了他们在课堂上的精彩讨论后，我忍不住写下一篇又一篇教学反思。

记得和孩子们看《阿凡达》，当纳美族人辫子上的“触角”和潘多拉星球上的万物联结时，孩子们发出惊呼：太神奇了！

是的，世界是一，不是二。从事乡村教育工作的每一天，都是我和儿童“互联”的时刻，上天给教育者的学习机会多过旁人，它教我们回归天性，遵循规律，向儿童学习。

我的学生

昨天学习课文《圆明园的毁灭》，小组合作解决问题。我们讨论了对比的作用，感受清代末期咸丰年间这一举世瞩目的历史事件。我找一部纪录片给他们看。一位女生拿来一本介绍这段历史的书，她说：“老师，这段历史我了解过了，您给全班读一读吧。”

中秋节放假三天，一走进教室就淹没在话题里。

中秋节干啥了？掰玉米、割葵花、拉杆子、做饭、刷碗、扫地、挖葫芦籽、卖月饼……大多数孩子跟着大人忙秋收，小脸黝黑黝黑，动作娴熟，不娇气，不做作，那繁忙的田间地头晃动的身影，不是我课堂里的学生，而是皮皮实实的、吃苦耐劳的乡下孩子。

把三天时间，交给补习班、电视、手机游戏、旅行、吃大餐好，还是交给这样的劳动好？谁能说得清。

孩子们的快乐是秋天里熟透的水果，饱满多汁。

玉米叶子划伤脸，过十五那天没吃上饭都不是事儿。有人拿来研究三天的魔方，说还有几个就马上完美了。有小组交给我她们写好的第一本小说，40 页，12 285 个字，字迹密密麻麻。

她们自己的评语这样写，“我们觉得写作是一种快乐”，“我们希望读者通过这个故事回忆起自己童年的快乐”。很有幸，我能成为这本书的第一个读者。

孩子们出生在乡村，也长成了乡村一棵普普通通的植物，没见过繁华，但他们属于原野和蓝天，他们热爱自由和想象，没有所谓的辛苦，有的是生动活泼、平凡踏实的日子。

美好的回忆越攒越多，每个孩子、每张照片都有故事。

有一年，一个孩子扯起嗓子天天喊着要退学。他带着怯懦的母亲走进领导办公室，说：“妈，别怕，他们不敢不给咱退钱。”母亲一愣，扬手给他一巴掌。当时他二年级，父母离婚问题让他忧虑过度，想出的办法是退学后每天在家守着。

我追到家里，听他讲退学后的计划、爸爸酗酒家暴、某个电视剧里他喜欢的人物……我们一起做饭吃，到葵花地里吃鲜嫩的葵花籽，秋天的阳光照在他满是血泡的手上。因为退学，爸爸惩罚他一个人装一车玉米，他不认怂，一声不吭装满车。小小身体怎么承受那么重的活儿？爷爷知道后，吓得几乎哭出来。

我在沙发垫下悄悄掖了一些钱，正要走。他忽然说：“老师，我下午去学校上学。”那天是美好的，我什么都没说，只是很爱他。那孩子至今没再提退学，前几天读书分享和大家强烈推荐《鲁滨逊漂流记》，厚厚的一本看得津津有味，他说："这本书太好看了，鲁滨逊太伟大了！"

写小说，失败一次再写；写诗，获得全国优秀作品奖；写教案，给全班上课；被城里学校邀请去上公开课，获赞无数……我和儿童在阅读中相遇，在阅读中相互信赖，在阅读中为生命增添温暖和光亮。

未来，是最遥不可及的假设。

我不知道未来的他们，是否都能心随所愿，学业有成，但我希望我和那些与我有缘的儿童，都能因彼此的存在而心怀善意的力量，如同《花婆婆》里的三代人，终其一生让世界变得更美丽！

我的未来

修行，修性，修心。境随心转。

乡村，给了我一片自由辽阔的天地，让我在阅读、儿童和自我之间搭建起一座桥梁。

从阅读中走出来，再回到阅读中去。在成人的阅读中放下傲慢与偏见，在儿童的阅读里体会哲理和意义，这一来一回的照见，我们才会真正感谢儿童。

纪伯伦说："孩子是通过你们而来，却不是因你们而来。"

儿童是一棵植物，他们落地生根时的种子就决定了他们只能长成自己独一无二的模样。儿童是《牧羊少年奇幻之旅》中的圣地亚哥，他们天命附身，至死不渝要寻求宝藏。

我要懂得植物的心，要做叶圣陶《一粒种子》里的农夫；

我要静下来去感知"预兆"，要让自己成为牧羊少年的撒冷王。

一个故事寄语未来：

水从高山冲下，穿过急流，经过湿地，
碰到沙漠过不去，这时候水就哭了，
说沙漠是他人生的宿命，
水永远越不过沙漠。
这时候风跟水说：
“水啊水啊，你不只是水，
水只是你一时的现象。
你可以变成水蒸气，然后变成云，
借着风把你吹过沙漠，你再变成雨，
然后落下来，最后再变成水，
所以沙漠对你就不存在。”

向着明亮那方

江西省吉安市泰和县实验小学　彭　慧

彭慧，江西省吉安市泰和县实验小学教师，亲近母语培训师，入围2016年“阅读改变中国”年度点灯人。在她的班级，孩子们经常围坐在她身旁听她讲故事，而她也经常坐在孩子们身旁听他们诵读童诗童谣。她说每天最快乐的时光就是和孩子们一起阅读。阅读一直是她为之奋斗的根的事业。

一次偶然，找到方向

走上推广儿童阅读之路，是偶然也是必然。一个心中有光的人，总会朝着明亮那方前进。

2013年12月21日，是个特别的日子，因为那天我接触到了儿童文学。在担当者行动的区域领航员培训会上，我第一次听到了童诗、图画书、整本书这些字眼，还见识到了走在阅读推广前线的沉砂老师、胡志远老师、雪野老师等。我还记得沉砂老师朗读的童诗美得让人沉醉，以至于我听完他们的课和讲座后，竟久久地沉醉其中……在返回的途中，我捧着他们赠送的《彩色的小吉普》《喜地的牙》《青草国的鹅》等书静静地看着，被精美的封面和有趣的故事吸引着。我第一次发现，原来童书也可以如此让人着迷。

回到自己的班级后，我迫不及待地把听来和看过的故事讲给孩子们听，原本乱哄哄的班级因为有了故事竟一下就安静下来。孩子们喜欢听故事，那一双双闪着亮光的眼睛告诉我，他们需要阅读，需要更多的书籍滋养。但是，书从哪来呢？学校没有能力为每个班配备足够多的优秀的书籍供孩子们阅读，只有发动家长，让他们也认识到阅读的重要性，孩子们才能享有高品质的阅读。于是我从最上进的几个家长开始动员，让他们带头给自己的孩子购买优秀的童书作品，再让他们把书带来教室，我从中挑选适合大声朗读的作品念给全班孩子听。每次被我选中书的孩子，他们听起故事来比其他孩子都要认真，他们的自豪、他们的喜悦能让每个孩子感受得到。孩子喜欢被关注到，特别像我们这种大班额的班级，孩子们更需要得到老师的关注。我想通过这种方式，让孩子们感受阅读的快乐，也通过少数带多数的形式，让更多的家长愿意、乐意为孩子们购买书籍。

可是除了讲故事，我不知道该给孩子们上什么样的内容，一次培训并不足以让我深谙其道。于是我大胆地向阅读推广者们寻求帮助，在他们的建议下，我开始尝试《日有所诵》。那时我带二年级，二年级的《日有所诵》选取了很多《晨读对韵》的内容，朗朗上口的对韵歌，让我欣喜万分。我们采取了多种诵读方式，拍手读、对读、问答读、想象读……还不够，我想这么经典的内容放在这儿，一定还有别样的诵读方式。所以我大胆地向儿童阅读推广达人曹亚男老师请教。在她的帮助下，我不仅会吟，还会唱“天对地，室对家，落日对流霞，黄莺对翠鸟，甜菜对苦瓜……”在带领孩子们诵读的过程中，我们运用学到的平仄诵读方式再去读课本里的古诗词，觉得新鲜、有趣、轻松多了。每天的诵读，是我和孩子们配合最默契的时光。

有了故事有了诵读，我发现我和孩子们的关系正在发生微妙的变化。他们不再离我远远的，而是一有空就凑到身旁，看看我读什么书，或是向我展示他新买的书，或是告诉我他最近读的故事……更让我欣喜的是，我班一个沉默少语、学习能力差的小男孩居然亲手制作了一张贺卡给我。这张贺卡没有任何色彩，只用圆珠笔勾勒了雪人、气球、彩带，最后在边边角角的地方写上了“元旦快乐”这几个字。他送给我的时候，是一路小跑过来，也没有对我说任何话，只是冲着我甜甜地一笑，轻轻地放在讲台上然后就离开了。如果这是一个优等生的贺卡，他绝不会制作得如此单调、草率。可我在收到这份礼物的时候却激动不已，我没有想到一个内心世界如此封闭的小男孩竟会以画的形式向我表达节日的祝福。我想起曾经教过他的任课老师把他戏称为“扶不起的阿斗”，我也曾放任过他，但我始终坚持一个底线——绝不责骂他，相反，我会带一些有趣的图画书给他看，像《生气汤》《让路给小鸭子》《小黑鱼》等。我发现这些书他都爱看。有时我在上面上课他在下面看书，而我非但不制止反而鼓励他看。因为我知道与其逼迫他听一些超过他认知水平的知识，还不如激发他的阅读兴趣。因为阅读，我和我的孩子们都在做一件最美的事。

勇敢尝试，不断前进

孩子们的变化，让我更深入地思考：我的课堂不能只是简单的诵读和听故事，一定还有其他丰富的形式。可目前的自己不够强大，我不知该怎样帮助我的孩子们持续阅读。为了提高自己的阅读教学水平，为了更好地帮助孩子们，我拜读了许多经典性的儿童文学作品。在阅读的过程中，我不仅享受了阅读的快乐，还收获了许多阅读教学方法。更有幸的是，在我班孩子们升三年级的时候，我正为选择什么样的桥梁书给孩子们共读发愁的时候，我了解到了周益民老师，并在他的带领下加入了整本书共读活动。《十岁那年》是我和孩子们共读的第一本书，也是百班千人第一期共读的图书。在李祖文老师的带领下，我们组织全国近一百个班级共同演奏《十岁那年》的乐章。我们或晒读，或做封面设计，或进行绘本创作，每一项都完成得那么出色。而我也在导师们的带领下，第一次领着孩子们尝试整本书的创意读写。虽然第一次的尝试略显稚拙，但至少，我和孩子们迈出了整本书阅读教学的第一步。有了第一步，我们才能朝着更远的方向不断前进。

星星点灯，专业引领

如果说前面的路是我一个人在摸索前进，那么加入亲近母语的星星点灯计划则是一群人在互助前行。2016 年 6 月 30 日，当看到自己入围首批星星点灯计划时，我内心激动不已。这意味着接下来的一学年，我所在班级的孩子人手一本《日有所诵》《全阅读》和两本“整本书”，并且课程的实施还有亲近母语的专家团队指导。作为教师，除了 20 个网络课时外还有 8 次网络教研研讨课。我突然觉得幸运之石一下子落到了自己手中。我用力捧着，同时也暗暗下定决心——用阅读滋润每一个孩子成长，用行动将每一个课程实施到位。

《日有所诵》是我和孩子们早就接触过了的，但不够课程化。好在我遇到了孔晓艳老师，她的“儿童诵读课程”讲解全面而细致，从低段的童谣童诗到中段的《飞鸟集》《沙与沫》再到高段的古诗文讲解，让我一下子梳理清楚了《日有所诵》的编写原则：16×5×2×6（16个单元，每个单元5首，分上下2册，共6个学年），日不间断地带领孩子们诵读，缓坡上行，熟能成诵。所以我们班的诵读课程每周一早上通读5首，周三通讲一次，每天早上熟读成诵，周五随机抽查，抽到个别不够熟练者，利用周末再诵读。

整本书的阅读，我和孩子们一学期共读两本，大声朗读一本。我们放下一切基础，从零开始，一章接一章地读，每天大声朗读10分钟左右，课堂课前，只要是可利用的时间我们都用上，持续一月之久读完。其间我也想过这样坚持的意义何在，但坚持读完后，我突然发现扎扎实实地做完一本书，我内心如此充实。每天领着孩子们读后记录，沉淀的不仅是语言还有思想。而孩子们的变化是最大的，刚开始无人愿意领读，每天都是我亲自上阵，但读完第二十章后，我发现了一个微妙的变化，刚开始是一两个孩子上台展示读，后来就是三四个，现在只要是共读时段，每天一下课就有孩子争着报名，没报上想参加时，我又在班级微信群里让他们晒朗读，再选拔。读完一本书后，我们就召开班级读书会，交流读书心得，再布置完成创意读写任务。共读完一本书后，我们并不着急共读下一本，而是留出一部分时间让孩子们自主读，并让他们根据自己读的书开展好书推荐会，一学期两次，并评出最受欢迎阅读大使，成为下一期共读图书的领读者。

学校推广，越走越远

一个学校只要有一个人做阅读，就会有其他人跟着做，接着就有一群人一起做。9月刚开学，我们学校就在我的带领下尝试推广阅读。在儿童阅读推广专家孔晓艳老师的指导下，我面向全校教师上了一堂《猜猜我有多爱你》的图画书示范课，接着分年段给每个老师配了一本图画书，然后教老师们认识图画书再指导授课。对于零经验的教师，我让他们先大声朗读起来，通过一本本图画书的朗读，慢慢地提炼出一两个交流讨论的话题。一个月结束之后再进行图画书的创意读写评比活动。

除了图画书，我还带着老师们做“日有所诵”。我组织教师们观看点灯人大学的诵读课程，让他们了解《日有所诵》的编写原则和实施方式，再每月进行一次研讨活动，将老师们在课程实施过程中的问题集中起来讨论。如此一来，全校师生每天早课前的5—10分钟都用来进行《日有所诵》。学校给语文老师每人配备一本《日有所诵》，每天提前在黑板上抄写好要诵读的内容，孩子们的书以家长自愿为原则自行购买。还是以少数带动多数的方式慢慢地推进阅读，大家先读起来。只有大声读起来，日不间断，才能缓坡上行。

一步一个脚印地走着，踏实地做着，碰到困难也不退缩，勇往直前。就像犟龟，认准了方向，无所谓他人的冷嘲热讽，总会遇到盛典。因为自己的坚持，因为自己朝着明亮那方，所以我也能成为一名儿童阅读推广者，去其他乡镇向更多的老师推广阅读，我的整本书教学设计也能收录在不同的地方让更多的老师借鉴。我很庆幸，遇到了亲近母语的专家团队，有了他们，就有了一群人在共同做一件让世界更美丽的事情。

做心中有光的人

青海省西宁市南川东路第二小学　彭　娟

彭娟，全国优秀教师，亲近母语总课题组成员，2018“阅读改变中国”年度点灯人，青海省首批“千人计划”拔尖人才培养对象，西宁市名师，西宁市南川东路第二小学校长，城中区儿童阅读研究中心主任，点灯人读书会青海站主要负责人……她带领团队成员，把读书活动搞得热火朝天。她只身远赴甘肃宕昌、湖南耒阳、云南大理、福建宁化、河南泌阳、青海果洛藏族自治州、西宁市周边区县……为孩子、老师们送去了阅读指导课例和示范讲座。

我始终认为，在这个喧嚣的世界里，老师们要想带着孩子们把书读起来，首先自己要体会到阅读的乐趣，做那个心中有光的人。只有找到自我，点亮自己，才能照耀他人。

在我记忆深处，总有那么几个场景历历在目：在南京市北京东路小学的校园里，我竟然与“花婆婆”方素珍老师、立体书之父洪新富老师相遇；在南京市珠江路小学的儿童文学研讨活动中，惊喜地遇见了梅子涵教授；在全国阅读教学观摩活动上，意外地见到了曹文轩老师……以前，我是根本不会想到自己能与这些大师相遇的！这一次次美好的遇见，心里的那盏灯啊，一次次被照亮！激动和欣喜过后，我迫切地认为：儿童一定是需要文学的，他们的生命发展一定是需要文学滋养的！就这样，我的心中一直就有一个心愿——尽自己所能，一定要请这些儿童文学作家走到我们青海的儿童中间！

终于，在2014年9月24日这个难忘的时刻，由我牵头，在众多热心人士的帮助下，梅子涵老师真正地出现在了我们青海省西宁市城中区“儿童文学研讨活动”的现场。梅老师的讲座，让全场的听众，一会儿感动得泪流满面，一会儿又开怀大笑。听众中，有全区近1 000名语文老师，有各校的家长代表，甚至还有慕名而来的老师的家属。那一天，我们青海的老师们真切地感受到了，有了文学的生活真美好！老师，就应该是把这份美好带给孩子们的人。从那一天起，我对多年以来坚持读书给孩子们听的做法更加有信心；从那一天起，我们城中区各学校的课堂里，多了“林格伦”，多了“罗尔德”，多了图画书，多了整本书。国内的、国外的，远的、近的儿童文学作家的作品走进了我们的生活。

探索实践，让阅读课程落地

遇见了儿童文学，如何用恰当的方式带给孩子？我和我周围的老师们又陷入了迷茫。2015年6月，亲近母语研究院的专家走进了我们城中区。课例示范、专家引领、研讨互动，让我们的心里一下子就敞亮了。令我们更加幸福的是，2015年9月开始，我们城中区正式确定为亲近母语研究院“阅读地平线计划”实验区。同时，我所在的学校确定为重点实验校之一。我个人，被选为城中区“整本书阅读教学”组长。优质的课程资源、精湛的专家团队，陪伴引领着我们。

我们学校在全区率先尝试将儿童阅读课程纳入学校课程体系。

我边学边做，边做边想，带领老师们通过研讨课、校本教研、读书沙龙等活动，不断探索落实儿童阅读课程的方法和途径，带动全校家长积极开展亲子阅读。学校老师们不再抵触阅读进入课堂。

慢慢地，我发现推广儿童阅读工作的最大关键在于唤醒老师们的热情。我马上从调动我们城中区“整本书”种子教师团队的积极性入手，精心设计实施了一些线上线下的阅读交流活动。2016年2月，我们在西宁市里想书店举办《不老泉》书友会。深入的阅读，带来的是理性的思考和精彩的表达。现场气氛高涨，连书店的顾客也被吸引过来。原计划20个人参加的小型活动，没想到参与人数竟有90多位。2016年6月30日，我又带着这个教师团队来到了古色古香的西宁市山陕会馆。在这里，共读梅子涵老师的作品《绿光芒》。参与人数又超出了想象，会场又是水泄不通，老师们个个渐入佳境。谁说现在的人们不喜欢读书？是我们的读书没有找到交流的空间。阅读一本书后，能有同伴一起交流读后的收获，这种阅读才是高品质的。2017年5月18日，我又带着“城中区儿童阅读研究中心”核心成员以《我的妈妈是精灵》这本书，在全区做读书会示范观摩。教师们的阅读积极性被调动起来了，大家带着这份抑制不住的热情，在各自的学校辐射其他老师，用教师自己的行为影响孩子们爱上阅读。2016年3月，顺利开展“城中区整本书导读课观摩研讨活动”。2016年5月，“城中区整本书交流课观摩研讨活动”也向全区教师开放。这些活动之后，我们及时梳理整本书教学方面的收获，投稿《西宁教育》。编辑部为我们做了22页的专版。我们向城中区、西宁市乃至青海省的老师们真实完整地呈现了如何让儿童阅读课程落地。

随着2017年3月“城中区儿童阅读研究中心”的成立，我和老师们一起进行探索研究的积极性更高了。课程深入开展过程中，老师们的收获或困惑，阅读一本好书之后的感慨与心得，亲子共读带来的家庭变化……都成了老师们津津乐道的话题。我带着阅读中心核心成员坚持做“每日分享”“每月交流”，老师们竟然觉得，每次参与活动都是一种享受。我想，这就是心中的那束光带来的正能量和幸福感。老师们还发现，越努力越幸运。在近三年各级各类评优、晋级的活动中，一直坚持儿童阅读研究的老师，屡屡获奖！

推广阅读，让理念花开遍地

联合国教科文组织对于开展全民阅读提出的宣言时常浮现在我的脑海：“希望散居在世界上每一个角落的每一个人……都能享受阅读的乐趣。”我也很认同“做教育就应该有兼济天下的情怀”。2015 年 6 月，我有幸成为“春桃伙伴计划”儿童阅读公益讲师。这对我来说，不仅仅是荣誉，更是一份责任。白天，我积极实践儿童阅读课程，不失时机地和学校老师聊阅读；晚饭后，在微信群、QQ 群和伙伴计划的老师们研究儿童阅读。这样的日子，让我心里总是充满着阳光。虽然更加忙碌了，但是，前方目标越来越清晰——不求回报，推广阅读；心怀大爱，播撒幸福！

2016 年 6 月 6 日，我只身赶往甘肃省陇南市宕昌县参加“担当者行动 · 阅读与成长教师阅读研习营”公益活动，先后进行了儿童诵读课教学、整本书教学示范课和儿童阅读教学分享讲座。2016 年 8 月，我远赴海拔 4200 米的青海省果洛藏族自治州做为期两天的儿童阅读指导。2016 年 10 月，赴四川省成都市天府新区“阅读地平线计划”实地指导。2017 年 3 月，应“担当者行动”公益机构邀请，赴湖南省耒阳市送教，做儿童阅读指导讲座 4 小时。2017 年 5 月，带领“城中区儿童阅读研究中心”全体成员，参加甘肃省兰州市东郊学校“儿童阅读课程教学交流活动”，在活动中，积极参与互动发言。2017 年 6 月，应邀参加西宁电视台《教育在线》节目录制。40 分钟的专题讲座《让孩子爱上阅读》在西宁电视台反复播放，反响极好。2017 年 7 月，在亲近母语“星星点灯”种子教师研习营中，担任课程导师，全程陪伴指导全国各地的乡村教师进行课程开展。2017 年 7 月，应“国际救助儿童会”之邀，赴云南省大理市进行儿童阅读推广指导，做专题讲座近 5 个小时。2017 年 8 月初，随“担当者行动”赴福建省宁化县送课、搞讲座。2017 年 8 月中旬，赴福建省安溪县，作为入组导师参加“阅读领航员”培训，指导来自全国各地的阅读种子教师。2017 年春季、秋季，成为“点灯人教育”会员专享课程两季年级总导师，做线上课程授课及指导……在推广儿童阅读的过程中，我还不遗余力地将实施儿童阅读课程的做法带到西宁市城北区、城东区、城西区及我区的兄弟学校。这些“送培”“送教”活动之后，总会和当地的老师频繁互动、答疑问难。

为了进一步实现以“推广儿童阅读”来推动全民阅读，2017 年 9 月，在亲近母语研究院的支持下，成立了亲近母语点灯人读书会·青海站，我担任青海站的会长。从成员招募到活动开展，全部都来自民间。虽然读书会才成立半年时间，但是，各类线上线下活动内容丰富、辐射面广。我们的点灯人读书会已经走进了书城、社区、省图书馆……线下活动已达到 8 场，所到之处，座无虚席，好评如潮。

坚持不懈，让工作得到认可

推广阅读，也让我得到了社会各方面人士的认可。2017 年 3 月 4 日，我作为特邀嘉宾参加了城中区委组织部举行的“城中区党政人才读书会”。我向各位领导分享了阅读带给学生、老师的变化。活动后，领导干部们强烈要求今后参加我们教师的所有读书活动。2016 年 6 月，我被评为“儿童阅读优秀公益讲师”；2016 年 11 月，在“青海省首届高端创新人才千人计划”评选中，我幸运地成为城中区唯一的“拔尖人才”培养人选；2018 年 4 月，我荣获“阅读改变中国”年度点灯人的称号；2018 年 11 月，我被评为“西宁市名师”。

就这样一路行走，孩子、书籍、大地已完全融入了我的生命，我真真切切地感受到：阅读，使自己绽放；自己成长的同时能成就他人，才是最幸福的事情。每当看到老师、孩子们因阅读而变得目光澄澈，心向美好，我的心里也就充满着光亮。

撒播书香种子　共享阅读芬芳

湖北省武汉市东西湖区吴家山第一小学　彭志辉

彭志辉，湖北省武汉市东西湖区吴家山第一小学专职儿童阅读推广教师，国家二级心理咨询师，亲近母语总课题组成员。从教十八年来，她不仅自己手不释卷，还一直带动学生、同事和家长们阅读。甚至，她毅然决然从驾轻就熟的语文教学转型为专职儿童阅读推广人，以坚强的毅力和专业热情，引领着众多的孩子、家长和老师共享阅读的快乐。曾获评2016年“阅读改变中国”年度点灯人、2017年“全国最美家庭”等。

一、因爱转行，在童年世界撒播书香的种子

一晃之间，我从小学语文老师转型为专职儿童阅读推广人已经有近六年了。回首当初，让我下定决心并坚定不移行走在儿童阅读推广路上，主要有两个原因。首先是源于自己贫瘠的童年阅读经历。我出生于湖南一个偏远的小山村，在我小的时候，连课本都不能保证人手一册，更别提有机会接触到其他读物了。老师、家长也怕影响我们的学习，极力反对看课外书，我好不容易读到

的小人书和金庸、琼瑶的小说，都是打着手电筒在被窝中偷偷看的。

2000 年，我毕业后进入了长沙的一所名校工作。在这里，和单位那些从小生长在城市的同龄人相比，不仅表面的乡土气息让我感到自卑，来自阅读、视野上的差距更让我感觉很难融入集体。当同事们在一起聊到文学、音乐等很多话题时，只读过几本教材的我唯有默默低头。在深刻认识到自己的不足之后，我希望通过自己的努力来弥补阅读上的缺陷。为此，我把大部分工资都用来买书，周末整天都泡在书店和图书馆。就此，我真正接触并读到了大量的好书，越读就带给我越来越多的震撼，震撼越多，读得也越多，不管工作如何忙，我每天都必定要阅读。我读文学，余秋雨、周国平、毕淑敏、龙应台的散文是我的最爱；我读教育专著，从《苏霍姆林斯基文集》《大教学论》《教育漫话》《第 56 号教室的奇迹》《爱心与教育》到蒙台梭利、华德福教育反复啃读；我读心理学，《心理学与生活》《自控力》《发展心理学》帮助我找寻自我、发现自我；我读童书，《小王子》《不老泉》《战马》等让我拍案叫绝；我还加入“教育在线”“人教论坛”向全国各地优秀的一线老师学习；我每天撰写教育博客，记录阅读中的所学所思和教学工作中的点滴。读书和实践，让我的生活越来越充实，也让我慢慢找寻回了自己的专业自信。

为此，我希望我的学生也能从阅读中收益。在当语文老师的十二年里，我特别重视孩子们的阅读，不断给孩子们发放阅读推荐书目，不断给孩子们买来好书阅读，经常开展班级读书交流活动。我所带的两届学生，因为持续的阅读，不仅每次会考各科成绩在全区名列前茅，更重要的是，阅读在孩子的长远发展中起到了关键作用。

促使我转型的一个更重要的因素源自我和女儿的亲子阅读经

历。女儿不到一岁时我们就开始了亲子阅读，每晚给女儿读绘本，也成了我和女儿最甜蜜的记忆。

可是，女儿两岁多时，一场突如其来的大病让全家人跌入深渊。她曾经在11天内经历三场大手术，紧接着又是一年多的漫长治疗。但自始至终，女儿非常坚强乐观，只要高烧一退，她就在病床上唱歌跳舞。在生病后，她自己找出家里所有的有关医院的书来读，她从这些阅读中消除了对医院的恐惧，更从中读到了勇敢坚强。就是这一本本好书、一个个好听的故事陪伴着女儿和我度过了最难熬的日子。记忆中有一个深刻场景，刚做完手术被推回到病房的女儿，因麻药散去疼痛难忍，她大喊大叫的却是："妈妈，快给我读书讲故事。"于是，就有了这样一幅场景：我和女儿一起并排躺在病床上，我手里高举着一本书在头顶，含着眼泪哽咽着给女儿读着故事书。当时，病床边的亲朋好友、医生护士无不感动得落泪。

和女儿的共读经历，让我更加深刻体会到童年阅读对一个人影响的深远和巨大。正如普利策奖得主詹姆斯·米切纳所说："一个国家的未来取决于孩子少年时所读的书，这些书内化成他对国家的认同、生命的目的、人生的意义以及他对未来的理性。"

于是，在女儿康复后，我主动请缨转型成为一名专职儿童阅读推广教师，负责全校的书香校园营造工作。在这个全新的领域，我刻苦学习和探索，自己买回上千本童书和当下所有的儿童阅读方面的理论书籍细读，找寻亲近母语和新教育等全国知名的儿童阅读推广机构和专家的研究专著反复啃读，在各个年级上儿童阅读课程实践，面向老师和家长进行儿童阅读理念的普及分享。我希望自己能通过学习和实践，尽快成长为一名专业的儿童阅读推广人。

二、为爱努力，倾心打造书香校园

2014 年，我从长沙市中心的名校来到了武汉市的边远学校——东西湖区吴家山第一小学。虽然这里的条件和我原来的学校有很大差距，但我深知，儿童阅读对于这里的孩子更加重要。

为更好地在该地区推行儿童阅读，在报到之前，我就给教育局局长和校长递交了我精心撰写的近六千字的全区、全校阅读推广计划。在得到领导的支持后，不顾全然陌生的环境，不顾面对的重重困难，我立即投入到了自己所热爱和执着的阅读推广工作中去。

四年多来，从单枪匹马开始，向着班级、学校、家庭和社会“多维一体”进行阅读推广的探索和实践。

推广阅读，首先需要大家认识到儿童阅读的重要性。我所在的学校是一所近 3000 人的郊区学校，老师们年龄普遍偏大，大家都习惯于只教好一本教材；学生大部分为下面农场上来的孩子，考出好成绩是很多家长最大的期望；要孩子们把刷题的时间用来读看似和考试无关的书，大家刚开始是很不理解的。为此，我主动争取各种机会，真诚地和大家交流阅读对孩子的深远影响。我和老师们聊，阅读是减轻老师工作负担、自我提升的最有效途径；和家长们聊，阅读是最好的补课，阅读更影响孩子一生的幸福。我为不影响家长的工作，特意把和家长们的交流时间放在了晚上，因为学校会场小，每次只能容纳两三个班的家长，我就一场场反复讲，连续几场讲下来，嗓子都哑了。虽然总是拖着疲惫的身体、踩着星光回家，可看到分享结束后家长们迫不及待开始给孩子们买好书开启阅读，我特别开心。记忆深刻的是一位一年级的妈妈惊喜地告诉我：“以前总是责怪孩子只爱看手机、玩游戏，听了彭老师的分享，尝试着买了彭老师推荐的书给孩子大声朗读后，孩子最喜欢的就是缠着我给她讲故事或者自己阅读，连她曾钟爱的手机游戏都丢一边了。”现在，每到一年级新生入学，在第一次全校家长会上，首先由我和家长交流儿童阅读，已经成为学校一道独特的风景。

要让孩子们爱上阅读，重要一点是身边要有足够的好书可读。为此，在我自己海量阅读童书的基础上，我精心选择大量经典童书补充进校图书馆。我指导全校 48 个班创建藏书丰富的优质班级图书角，通过学校统一配置书柜和 100 本图书、发动家长捐赠或集资的方式继续补充进大量童书，并同时注意图书配置的多学科、多类别性。另外，我还引导低年级在原有优质班级图书角的基础上，配备精美的阅读漂流包，每个阅读漂流包内装 5—8 册各类经典童书和一本阅读记录手册，每周交换一次，让孩子们回家也有好书读。我还引导家长建立家庭图书角，不断下发各类阅读倡议书和推荐书目等，给予选购上的指导和帮助，努力给孩子们营造一个好书触手可及的阅读环境。二（四）班何虞的家长给我留言说：“彭老师，有图书角后孩子慢慢地爱上读书了，现在孩子每天睡觉前都会看。其实以前他根本就不看书，可是经过长时间的影响就喜欢上了，环境和平台真的很重要。”

徐冬梅老师说，**实现儿童阅读课程化是真正落实儿童阅读的必要一步**。为此，我开武汉首创，在学校推行儿童阅读课程化，把大量的、多学科的经典童书，通过课堂的分享和共读带到孩子们面前。在校领导的支持下，我全面设计开发了小学六年的阅读课程内容，统筹指导全校儿童阅读课程的教学。低年级的阅读课堂，我所采用的是主题绘本阅读的教学方式，围绕一个主题，选取几本不同内容的绘本给孩子们讲述，既扩大了学生的阅读量，又能引导孩子们去全方位发现和思考问题。中高年级的阅读课堂，除了整本书教学外，我还进行主题阅读综合课程，一个月或两个月的一个大主题下，多门课程整合，启发孩子们的多元智能的发展。比如 3 月的昆虫主题课程，实现了从昆虫的童诗、古体诗文，有关昆虫的绘本《蝴蝶，如此耐心》《亲亲自然》，整本书阅读《昆虫记》等，影视观赏《昆虫总动员》《自然密码——昆虫生死斗》，农场实践课程观察昆虫，写昆虫的自然笔记，制作昆虫标本，到最后的综合展示等全面结合。现在，每周一节的儿童读物课已经进入到学校每个年级的课表中，阅读课，成为孩子们最喜欢的课程。同时，我适时补充进经典丰富的诵读内容，引导全校语文老师开展晨诵。比如，一年级在《日有所诵》基础上补充进《365 夜儿歌》，二年级补充童诗《蝴蝶·豌豆花》，中高年级补充《小古文 100 课》和大量古体、现代诗文，等等；我还利用每周五的读书广播，给孩子们读经典绘本故事，创设了书声琅琅的校园。

如果有爱读书的大人的陪伴，孩子们更容易爱上阅读。为此，我负责创建了教师读书会，帮助老师订购他们喜欢的杂志和书籍，我还不断地从家里带来各类阅读指导方面的新书、好书送到老师手中，定期和大家开展阅读交流活动。我又组织全校家长、老师开展亲子阅读征文，促进彼此间的相互交流。我精心设计每年的读书节活动，每年寒暑假，我所撰写的吴家山一小学生阅读推荐书目和阅读实践活动内容，更被来自全国的数千名老师所采用。

为引导家长开展亲子阅读，丰富我们的阅读课程，我每周一次在低年级开设亲子故事吧课堂，引导爸爸、妈妈走入课堂给孩子讲绘本故事，并根据自己的专长开展阅读延伸活动。我们的医生妈妈走入课堂给孩子们读有关牙齿的绘本故事，然后给孩子们介绍保护牙齿的知识；我们心灵手巧的故事妈妈和孩子表演绘本剧《彩虹色的花》，并带领孩子们制作彩泥彩虹花；有的家庭甚至全家人上阵发挥各自专长开展特色活动。这些活动一方面打开了孩子们的视野，另一方面也充分调动了家长的积极性。这是一个既轻松快乐又有收获的课堂，很多爸爸妈妈说，和孩子一同回到课堂，是特别幸福的事情。

为更新家长的教育理念，调动更多家长对学生阅读的重视，指导更多家长走进亲子阅读，我还创建了一个线上有着近3000人，影响辐射数千家庭并在不断壮大的公益亲子读书会团体“毛毛虫公益阅读”。我通过QQ群和博客与众多家长们交流教育、儿童阅读并推荐好书，同时线下开展阅读讲座和各种类型的亲子阅读活动。从每天早上的每日诵读到晚上的故事讲述，从每周一次的故事爸妈进课堂，到每月一次的大型亲子阅读活动，从端午的包粽子到冬至的包饺子，从校园走到区、市图书馆等各个场地，这是一个家长和孩子共同参与、学习、交流、展示的平台。每一年都要开展数十场主题亲子阅读活动，每次活动报名都特别火爆。一位二年级的家长说：“非常幸运加入这样的群体，每天都在不断学习，我一点点改变着对孩子的教育方式，自己和孩子都读到了很多好书，孩子也越来越爱阅读了。”三年级的程文昶妈妈说：“彭老师，您组织的亲子阅读活动太有魔力了，孩子不仅更爱读书了，还爱上了写诗。”她还得意地把孩子自己写的诗发来给我看。区教校朱艳红科长在参加了一次亲子阅读活动后说：“太惊喜了，教育本来的样子原来是这样地快乐与丰富！”加入此读书会的区妇联薛蓉主任说：“能带孩子参加这样活动的家长不用担心孩子的学习！向老师们致敬！”

三、争取更多支持，助力社会阅读推广

学校的阅读推广工作，如果能争取到社会上更多的力量和资源参与进来，必定会事半功倍。为此，我除了在校内进行阅读推

广外，还不断给学校和孩子们争取更多力量的支持和帮助。比如争取教育局对我校阅读推广工作的关注和支持；联合区、市图书馆、区妇联、出版社等各单位给孩子们提供更好的阅读资源等；我还申请了亲近母语的子课题“郊区学校书香校园建设的实践研究”和武汉市教育科研课题“促进城郊小学低年级亲子阅读的策略研究”“在小学营造儿童阅读环境的实践研究”，在课题研究过程中，我积极参与全国有影响力的各大阅读推广机构的各类活动，不断学习借鉴。

“一个人可以走得很快，一群人可以走得更远”，我在学校的阅读推广工作也获得了领导的关注和肯定。“彭志辉儿童阅读工作室”是东西湖区首批挂牌创建的名师工作室之一，也是武汉市第一个教师儿童阅读推广工作室。在我们工作室汇集了 30 多名儿童阅读点灯人，我带领成员进行专业书籍的共读，示范上阅读课，给老师们进行专业培训，带领老师们组织策划各类亲子阅读活动，把自己的各类资源提供给伙伴们，把伙伴们推送到全国更多平台去学习、磨炼。工作室现有 7 位伙伴入选亲近母语公益“星星点灯”项目资助计划，不仅班级得到了大量赠书，得到了全国很多资深阅读推广人的专业指导，还免费参加了在南京的专业培训。他们在学习实践中成长非常快，班级阅读推广工作做得越来越好，也逐渐从班级、学校，走向了全国平台。伙伴们说，在工作室的学习实践，不仅自己和孩子由此受益，而且从中也获得了更多的职业幸福感。看着工作室的伙伴们的成长和进步，看到他们带领着更多孩子和家庭走进阅读，我是特别地开心。

同时，我和工作室团队还积极投身于公益阅读推广，不仅每周在本地区开展各类公益阅读推广活动，我还去全国最偏远的地区手把手教那里的老师开展班级阅读，甘肃宕昌、贵州威宁、甘肃环县、云南腾冲等地都留下了我的足迹。除此以外，我还经常在网络中面向全国各地的老师开展儿童阅读专题分享，从班级阅读环境的营造、儿童阅读课程的实施到亲子阅读如何指导，每年我所主讲的公益网络分享课达 40 场以上。

四、一路付出，一路欢歌

这四年来，我几乎没有拥有过一个完整的周末和假期，每天加班到深夜，每天步履匆匆。但看到阅读之花越开越多，越开越香，我特别欣慰。四年下来，学校的书香校园建设已初见成效。现已打造藏书丰富且完全开放的两个校图书室，全校 48 个班均已创建人均 5—10 册经典童书的班级图书角，低年级在此基础上还配有内含 5 册经典童书的阅读漂流包便于回家阅读，全校儿童阅读系统课程已全面实施，每周一节儿童阅读课进入到各班课表，故事爸爸妈妈课堂、亲子主题阅读活动深受大家欢迎……校园里随处可看到手捧好书沉浸在阅读中的孩子。学校获评“武汉市经典诵读示范校”“2017 武汉市十佳书香校园”“2016 亲近母语优秀课题实验学校”。“彭志辉儿童阅读工作室”也逐渐在武汉市儿童阅读推广中发挥重要引领作用，获评“2017 武汉市三八红旗集体”“武汉市青年书香号”“东西湖区卓越读书会”等荣誉称号。我个人也有幸获评 2016 年“阅读改变中国”年度点灯人、2017 年“全国最美家庭”等，《长江日报》《楚天都市报》《武汉晨报》以及武汉教育电视台等新闻媒体也多次对我们的儿童阅读推广工作进行过专题采访报道。

当然，我深知，阅读推广之路漫漫，越是深入，越发觉得自己要做的还有太多太多。在未来的日子里，我会一直坚定行走在阅读推广这条幸福的大道上，积极联合更多力量，把阅读这颗令人终身受益的种子撒播到更多孩子和父母的心田。

读与写，改变生活的颜色

江苏省扬州市高邮实验小学　邵龙霞

邵龙霞，江苏省高邮实验小学副校长，扬州市特级教师，江苏省“333高层次人才”培养对象，江苏省教科研先进教师，亲近母语总课题组核心成员，曾获扬州市教学竞赛一等奖，江苏省优质课评选一等奖，在省市级各类报刊发表散文诗歌近百篇，在省级以上刊物发表论文40多篇。编著《中国老故事·民间故事》，个人专著《儿童也能写作——读写互动的探索与实践》由北京师范大学出版社出版。

“春天的第一只蝴蝶/身披橙色和紫色/从我的路上飞过/一朵飞行的花/改变了/我生活的颜色”，这首诗是英国作家迈克尔·布洛克写的《蝴蝶》，是我最喜欢的一首诗。我喜欢站在讲台上的感觉，喜欢被文字的光芒所照耀，喜欢带领孩子们诵读经典诗文，阅读儿童文学，分享阅读感受……在一天天的诵读中，在一本本书的交流中，在一次次真实的表达中，悄悄地在孩子们心中播下一粒粒神奇的种子。我希望自己能够成为孩子们的“蝴蝶”，也希望孩子们在读写中长大，成为我的“蝴蝶”，我们借助“读与写”，改变彼此生活的颜色。

教师，要成为阅读者

我常常跟朋友们说：“女人再忙碌，也要记得优雅；男人再忙碌，也不要忘了风度。”而阅读，就是一件让自己变得优雅，变得有风度的事情。阅读是一件很日常的事，它就像人的呼吸一样简单。酷爱读书的人，就像一棵枝叶繁茂的树，每一次读进去一点东西，不知道何时，枝桠间就会萌生出一片新叶。

跟许多出生于农村的“70后”一样，在我很小的时候，家里没有多余的钱买书给我们看，父母也没有让女儿读书的意识。在那些文化匮乏的时光里，我一次次蹭在邻居家里不肯回家，因为邻居家有一台收音机，我可以趴在他们家的阳台上听刘兰芳说书。我有一个堂姐，她是第一个买书给我看的人，所以我一辈子不会忘记她。堂姐买给我看的第一本书是一册小人书，当时只要一毛钱，书的名字叫“小熊木匠”。直到今天，我还清楚地记得这册小人书的第一幅图，上面画着一个小熊木匠，在那里流着汗刨木头。下面有一行文字：天刚蒙蒙亮，小熊木匠就起来干活了。那个时候，我喜欢极了“天刚蒙蒙亮”这句话，天色欲明将明，这是怎样都无法言喻的情景！那颗勤劳的种子，那种对未来的憧憬就是随着这样的句子被植进了我的心底。我写的第一篇作文，用的第一个句子就是“天刚蒙蒙亮”。

上小学的时候，我印象最深的一篇课文是安徒生的童话《丑小鸭》。我记得学完这篇课文的日子，是一个春日，乡村里开满大片大片的金黄的油菜花。我一个人走在乡村小道上，确切地说，是奔跑着，奔跑在安徒生的童话里。天边的云彩红得有点夸张，而我的心里盛满喜悦。从此，我一直沉浸在浓浓的丹麦情结里。我一次次给班上的孩子们讲安徒生童话，《丑小鸭》是必讲的一个故事。我认定，丑小鸭变成了一只白天鹅，飞临梦想的湖泊，用湖水照映自己美丽的身影。此时，高兴的不光是丑小鸭，还有很多很多童年的梦幻在次第苏醒。著名儿童文学作家梅子涵说："童年多阅读一些属于自己的文学书，这是种植童话。你听说过种植童话吗？就是把非常奇异的想象力、非常美妙的心愿、非常善意的爱惜……搁入自己的脑里，搁进思维和精神。它们不像一棵树成长是让你看见的，可是只要你成长了，它们也就附入了你的生命，是一大片的绿荫，鸟儿站在枝上是快乐和歌唱，阳光洒下，就总有灿烂和灵感。"

到了中学，我开始读姐姐的高中课本，一遍又一遍。莫泊桑的《项链》，欧·亨利的《最后一片藤叶》，等等，我常常一个人为书里的人物泪流满面。后来，我到了高邮师范学校学习，有机会读到更多的书。托尔斯泰、高尔基、马克·吐温、鲁迅、巴金……这些伟大的名字开始耳熟能详。在书本里，我阅读前人的思想，阅读各地的文化。在高邮师范，周来宏老师教了我三年的语文，因为他的引导，我对阅读有了更深的理解。周来宏老师曾对我说过这样一句话："青春的容颜易逝，但书香熏陶出来的优雅可以陪伴一生。拥有了善良与正直，就像拥有灰姑娘的水晶鞋，让你走出最美的人生。"

工作之后，我便一边教书一边读书。我发现，要想成为孩子喜欢的老师，自己必须首先是一个阅读者。一个不读书的人，站在讲台上，会让孩子们觉得乏味。因为阅读，能丰富教师的语言，开拓教师的视野，会让你的面目变得可亲。在枕边，在办公桌前，我一遍遍地翻阅苏霍姆林斯基的《给教师的建议》，读蒙台梭利的《童年的秘密》，读加拿大佩里·诺德曼、梅维丝·雷默的《儿童文学的乐趣》……读得最多的还是儿童文学，因为要让班上的孩子们也成为爱看书的人，自己首先要了解哪些书才是孩子应该读的经典。

因为喜欢读书，我怡然自得地站在讲台。因为读书，我成了孩子心目中的有趣的“故事老师”。因为读书，我走在了母语教育诗意的旅途中。

课堂，要散发文学的气息

让孩子们喜欢语文，首先得打破一种现象——长长的一学期只读一本薄薄的教材。童年是需要故事、需要文学的。很多儿童文学作家是很了不起的，他们会把一种很深的东西放在一个很浅的东西里面，即所谓的“浅语表深意”。优秀的儿童文学作品一定具有美的力量，能润泽孩子的心灵。多年以来，我们一直呼吁要“蹲下来”看儿童，这不仅是一种姿态，更应是一种心与心的交流。拥有一张会讲故事的嘴巴，与孩子一起体验来自童话的欢乐和感动，教师就会拥有一条与儿童沟通的最直接的心灵路径。我喜欢用故事来唤醒和点燃孩子的激情：在孩子们刚刚升入一年级的时候，给他们讲述一个童话故事，作为纪念；当孩子们学习累了的时候，给他们讲述一个故事，让他们的身心得到放松；当某一个淘气的孩子取得进步的时候，送给他一个故事作为鼓励。在我的班级里，连“惩戒”都与故事有关。如果班里的每个孩子当天的表现都很不错，我就会送给他们一个好玩的故事。如果有人未能完成当天的作业，则请未完成作业的孩子来讲述故事。故事讲得有声有色，就顺利过关，作业免补。班上有个叫俞仲希的孩子说：“嘿，这方法好，无论如何，我都有故事听。”

在我的班级里，孩子们每天都要诵读一首儿歌、童诗或古诗等，真正做到日有所诵。我坚信，用诵读来为孩子的精神打底子，这是一种美丽的出发，这些灵动的词句多多少少会在孩子的心里留下痕迹。

在我的班级里，孩子们每个月都会选读三本书，共读一本书，每个月孩子们会有一次愉快的读书会。读书会上，师生针对共读的书进行交流、探讨、碰撞，对自己选读的书进行推介。十多年来，我每周一次带领着孩子们进入图画书的世界。我带着孩子们讲述图画书，自绘图画书，由图画书学写作。

我把这些优秀的儿童文学带到孩子们面前，带到教室里。我还鼓励男孩子多读人物传记、百科知识，逐步引导女孩子多看历史、军事等，我希望儿童的阅读是营养丰富的。另外；教材中的课文教学，我也力求从儿童出发，关注儿童情趣。我希望我的课堂能散发着一种文学的气息，还有浪漫的心情。

阅读，要破译表达的密码

歌德说过：内容人人看得见，含义只有有心人得知，形式对于大多数人是一个秘密。

大多数人在阅读的时候首先关注的是情节内容，即了解“写了什么”。小孩子也不例外。这就是很多的小孩读的东西不少，在“写”方面却长进不大的原因。我带领孩子们阅读，在关注情趣的同时，更侧重从“写”的角度来阅读，即揣摩文章的表达，即了解“怎么写”。

我个人以为，在阅读时心中要关注作者，呼吸新鲜的语言与思想，用自己的生命体验唤醒书本中的故事；在写作时心中要装着读者，用童年的生活经历编织生命故事，用自己的故事来打动读者。

我推荐给孩子阅读的大量的儿童文学，比如图画书、童话、童诗、儿童散文、儿童小说等，这些作品必须具有可读性、可模仿性、趣味性，能在语言、构思、人物形象的塑造等方面给孩子们提供写的范例。这些作品首先应是孩子喜欢的，是有趣味的，孩子的眼睛会不由自主地被它所吸引，这样的经典作品，能帮助孩子形成语感，并且能渗透到孩子的内心。阅读的过程中，我会适时地从写的角度来引导孩子读。读完作品，我会针对选文的内容，找好一个写的切入点，与孩子交流探讨，重在帮助孩子读好文章，体会表达。这样的交流既是读的指导，也是写的指导，让孩子从中习得读与写的方法。

二年级的时候，我带着孩子们阅读图画书《妈妈你好吗？》。这是日本的一本图画书，讲述母亲节快到了，老师要求大家给妈妈写一封感谢信，可是小男孩却诉说了妈妈的口头禅，妈妈随意打扫他的房间，还扔了他的“宝贝”。最后，小男孩送给妈妈一打洗碗券作为礼物。针对这样的故事，我设计了这些问题与孩子交流：

（一）看封面：说说这个妈妈和小男孩的样子。

（二）你的妈妈有什么口头禅呢？

（三）画面中，这块石头为什么闪闪发光呢？为什么满是虫眼的橡子，“我”最不想扔掉呢？这根小棍儿为什么画这么大呢？（由此，让孩子知道：原来，再普通的东西，如果有了美好的回忆，有了特殊的意义，就会显得非常珍贵。）

（四）讲解洗碗券。你打算送什么礼物给妈妈？想不想知道你的妈妈希望你送给她什么？

（五）对妈妈说出自己的真心话。

这样的话题设计，既引导孩子读懂了这个故事，也体会到这本图画书独特的表达，即说自己想说的话。班上有一个叫周语箫的孩子，在课堂上就给妈妈写下了这样的心里话。

妈妈：

今天是星期日，您劳累了一周，本应该好好休息一下，但却还要为我忙这忙那：送我画画，陪我拉琴，为我检查作业，带我去摘草莓，到蝶园广场玩……

去年，我想要一块手表，您说可以买，但要靠自己的表现来挣，一个月内有20个笑脸就能得到手表了。一个月过去了，我的计分榜上的笑脸超过了20个，我如愿以偿地得到了一块精美的手表。您说，手表是用来激励我的，希望我以后即便没有手表或其他的奖品，也要做得更棒。妈妈，我记住了！

但是妈妈，我希望您别总是把您的口头禅“一、二、三”挂在嘴边。我刷牙的时候，您说“一、二、三！”搞得我心烦意乱；整理书包的时候，您说“一、二、三！”弄得我开心不起来。妈妈，要相信我以后会做得更好的。

妈妈，我知道您很辛苦，但还是希望您抽出时间来多陪陪我。

妈妈，我爱您！祝您母亲节快乐！

女儿：语箫

师生，要一起过读写生活

上师范学校的时候，我是学校历年发表文章最多的学生。我成为一名小学语文老师后，依然坚持与孩子们一起写作，用写作相互“驯服”。我觉得，一个自己不会写作的老师来指导孩子写作，就像一个不会游泳的教练教别人学游泳，无论你使出怎样的招数，也只能是站在岸上喊喊而已，至于水深水浅，如何在水中呼吸浮游是说不到点子上的。只有笔耕不辍的人，才知道语言的美妙、谋篇布局的策略。所以，师生一同写作，可以交流彼此的经验和信息，更能诱发孩子写的兴趣和热情。

我曾经和孩子们一起阅读郝月梅的《搞笑鬼王闹》。这本书中写一个幼儿教师教王闹写作文时，说了这样一番话，大致意思是：有这样一个场景——一棵树，树下停着一辆摩托车，摩托车旁有一个小伙子。如果是不会写作文的，就只能说这么几句。如果是会写作文的，就会这样描述——远处有一棵树，一棵很大的、树冠浓密的梧桐树，树下停着一辆摩托车，红白色相间，新崭崭的，摩托车的主人是个小伙子，他正站在摩托车旁，焦急地往楼上望，他在等什么人呢？这样的描述就比较具体地写出了树的浓密、摩托车的色彩，甚至有了小伙子神态的细节描写。读完这样的描写，我就跟孩子们比赛如何进行细节描写。

那一次，一只麻雀飞进了教室里，我便抓住这个真实事件，引导孩子们观察小麻雀的样子、表情、姿态以及同学们的表情、动作，然后，师生开始一起写。

一个小孩这样开头：一只麻雀飞进了教室，它到处乱飞。

我便告诉他："你这一句话，我是这么写的：一只小巧玲珑的麻雀飞进了教室，它长着一对圆溜溜的黑眼睛，一张小尖嘴，一身褐色的羽毛。它惊恐地看着大家，在教室的半空中乱飞，一会儿撞上屋顶，一会儿撞上玻璃窗，真是让人替它着急。"我接着又对全班孩子们说："你看，多问几个'什么样的''怎么样'，就可以写得更细致，就如同用文字画画一样，没有看到这幅情景的人，也可以借助你的文字看到当时的画面。"孩子笑了：原来，写文章就是这么简单。

在上海师大举办的第四届中国儿童阅读论坛暨亲近母语教育

研讨会上，商友敬先生作了几分钟的演讲，他说：“我梦想所有的语文教师，都能给孩子打开一片语言的空间……这个空间无限广阔，无比深厚，有无穷的精神财富。我们的孩子在这个母语的空间里，精神得到自由的飞翔，情感得到健康的成长，智慧发出闪耀的光芒。他们能用母语营建自己的精神家园，在这里唱歌、跳舞、吟诵、思考、对话和交流。”

商老已经离我们远去，但是他的梦想留在了一间间教室里。我每次看到商老讲话的视频，还是忍不住潸然泪下。我希望自己也能跟孩子们一起打开一片语言的空间，在这样的空间里，我们边读边写，我们生长智慧，我们获得幸福，从而改变彼此生活的颜色。

一路梦想一路情，一路风雨一路歌

河南省栾川县优仕树人学校小学部校长　邵新锋

邵新锋，中小学高级教师，栾川县优仕树人学校小学部校长，2018年“阅读改变中国”年度点灯人。2009年任校长以来，积极推进儿童阅读课程化建设，所带学校被共青团中央授予“全国百所快乐希望小学”称号，成为“河南省教育名片”学校、洛阳市“教育系统先进集体”。个人先后被评为河南省“骨干教师”、河南省“师德先进个人”、洛阳市“优秀教师”等荣誉称号。

梅子涵先生无数次在他的讲演中强调过这样一句话：儿童必须阅读文学，阅读儿童文学。他说：“只坐在知识面前，坐在复习题和考试面前，最终可能落得很没有人性知识、感情知识、豁达浪漫的性格知识、服务国家关怀世界的情怀知识、深刻而又灵巧的哲学知识。那一张又一张的习题知识、一场又一场的考试知识，完全不足以支撑一个孩子的优良成长和养育一个人的健美生命。”

对于缺乏资源的农村地区的孩子来讲，事实更是如此。当作为农村孩子的我到城市中求学，然后又回到农村成为一名一线教师，我深深地意识到城市教育与农村教育的本质差别在于真正的

"人"的教育。只有改变了那个站在讲台上的人，才能真正地去改变教育的最终品质。

一、推动学校阅读课程化，建设我的教育桃花源

——路漫漫其修远兮，吾将上下而求索

栾川县地处豫西山区，是国家级贫困县。我的家乡——栾川县潭头镇是距栾川县城最远的一个偏僻乡镇。由于交通不便、经济发展缓慢等各方面条件的限制，几十年来，文化教育方面发展滞后。

从一名努力前行的老师成长为一名肩负重任的校长后，我把推进"适合孩子天性发展的教育"作为学校发展的方向。引导师生爱上阅读，建设书香校园，推动学校整体发展，是我的重点工作。因为我深深地知道，用书香浸润的人生才能丰厚，在书海畅游的身心才够儒雅润泽。我无限相信阅读的力量，作为一所学校，把阅读提升至任何高度都不为过。因此，我立志：硬件再艰难，也要为师生打造阅读环境。海量的阅读，并不会马上提高学生的成绩。但是，站在未来，思考现在，我相信小学六年的阅读经历和习惯将伴随孩子的一生，教育一定是要给孩子带得走的东西。办今天的教育一直是我的追求。

走了很多弯路，直到遇见你——"亲近母语"。连绵的大山带给我们清新的世界，也带给了我们信息的闭塞，我所带领的第一所学校——潭头交通希望小学曾举全校之力，"编印"校本阅读教材"天添阅读"，整合语文教学，开设阅读课……但收效不大，孩子、老师们也有进步，但是感觉很缓慢，不得法。直至 2014 年 4 月 11 日那天，海外教育基金会图书组负责人刘倩老师安排我参加了第十届中国儿童阅读论坛，在那场盛典上我当场觉醒了。原来

我们在探索的阅读之路所遇到的各种困难，在各位点灯人的讲述中被一一破解。徐冬梅老师的演讲更让我意识到，从阅读用书到课程建构，亲近母语已做出了一整套方案！梅子涵老师擦亮的火柴“吱”的一声，朦胧了我的双眼，点亮了我的心灯。

于是，我们将满腔的激情化为行动的力量，每天早上的“日有所诵”延长至15分钟，每天下午开始了30分钟的持续默读，并且马上开始了三个阅读室的建设——哪怕是举债建设！在校舍极其困难的情况下，我们借助爱心人士的捐助建设了低、高段学生阅读室和一个教师成长阅读室，建设了班级图书角；为了省钱，我们自己设计，用不锈钢焊制墙壁简易书架，建设了阅读小站——走廊图书架，上面摆满了图书。这样，校园中处处是书，孩子们随时随地都能进行阅读。为了对孩子们进行良性的阅读教学指引，在潭头交通希望小学迅速成长的三年里，我陆续组织10名老师参加亲近母语暑假的儿童阅读种子教师研习营，6名教师参加了南京的吟诵工作坊，2名教师到北京参加徐健顺教授的古琴班，41人次参加亲近母语的春、秋季论坛，同时启动教师“天添悦读”工程，使教师找到了阅读教学的正道，从而有力量地进行阅读教学实践。

经过阅读实践，我们在课程设置上实施3 + X方案。《日有所诵》、“天添阅读”、吟诵是必上课程，绘本、整本书阅读，讲故事，读书会等其他形式的课程由老师结合自身素质和学生情况自由选修。

三年的时间，潭小通过儿童阅读课程化的实施，入围了2015年度“阅读改变中国”书香校园。

成熟的经验在积淀之后是可以被复制的。2015年8月我调任栾川县第五实验小学校长。在开学之初，我便提出了儿童阅读课程化的概念，提出了“让身体和灵魂都行走在路上”的目标，让学生、老师和家长一起在阅读中成长。尽管这所刚刚成立的新学校建设没有完全到位，没有图书室，没有一本可以让孩子们去读的童书。刚刚成立的新学校，没有财务账号，将近半年的时间里，学校没有一分可以动用的钱。35 名老师是从全县选拔出来的，很优秀，却都不曾接触过阅读课程。但我知道教育的事情不能等到万事俱备才去行动，只能创造条件先去前行。开学之初我联系培训师为老师们做培训，联系公益机构为孩子们捐赠图书，拿出自己的积蓄购买图书柜，为学校添置图书。开学第一个月，所有的儿童阅读课程全面铺开，我亲自监督，参与教师课程研磨，督促教师参加网络学习、课程培训。2015 年秋季论坛和 2016 年春季论坛，没有经费，我们自己垫钱让全校所有的语文老师赴南京参加这场阅读盛宴。只有内心的火炬被点燃，才能真正衍生出喷薄的力量。我们的语文老师在走出来之后不再是被动地督促着去做阅读，而是真正地因为热爱、梦想而去实践。班级的阅读课程开始在实践中进行深入的思考。他们开始因为热爱而在自己喜欢的课程板块深入地钻研，我们学校开始有了自己的阅读培训师团队，对后续加入学校的新教师进行培训，也走出去引领更多的人走上阅读之路。两年的时间，我们学校 23 名语文教师迅速成长，有两名成为“海外教育”和“亲近母语”的公益培训师。因为阅读课程的推广，我们由第一年新学校的不被认可，只招收了 568 名学生，到第二年受到广泛赞誉和肯定，学校学生数量增加到 1 232 名。

2017 年 8 月，我再次被调到一所新的学校任校长——栾川县优仕树人学校。在这里，我们有了更充足的物质资源，也有了更丰厚的经验和阅读推广团队。从 77 名教师阅读课程定期培训，到每周一次的阅读课程研磨，再到吟诵、“日有所诵”、“我的母语课”、绘本、整本书和节日节令课程的推进，再到组建新学校的阅读培训师团队，半年的时间里，儿童阅读课程化、常态化已全面铺展开来。

二、推动栾川教育区域阅读进程

——一花独放不是春，万紫千红春满园

为鼓励我在体制内对教育的探索，2014 年 3 月，教育局任命我兼任栾川教育局中小学教研室副主任。

随着阅读课程化的扎实推进，除了本县的兄弟学校，洛阳市区、新乡市、南阳市、偃师市及嵩县、孟津县、新安县、汝阳县等地的学校也到潭小、实验五小、优仕树人学校进行访问交流。他们被我们细致的阅读工作深深感动，我也清醒地认识到，要想提高儿童人文素养，仅靠我们一所学校来做阅读是远远不够的，好的做法一定要分享和推广开来！

2014 年的暑假，我带着一套我们在潭小已实践一年的《日有所诵》，奔走于县域内成规模的小学。一个假期过去了，县城第一、二、三、四实验小学及城关镇、庙子镇、赤土店镇等迅速响应，2014 年秋期，栾川县内有共计 13 000 名学生开始了《日有所诵》的诵读。实验一小、二小、三小等小学儿童阅读课程化构建在短短两年内已初见成效。

海外中国教育基金会向我们捐赠了很多图书。孩子们的书有了，但书怎么用，我们的阅读课怎样上，仍是问题。我多次向基金会请求对我们的老师进行一次专业的阅读培训。经过充分商议，2013 年 8 月 1 日—3 日，首届“海外中国教育基金会阅读研习营”在潭小举办。海外中国教育基金会为我们请到了《日有所诵》这套教材的主编之一薛瑞萍老师给我们进行培训。来自全国各地基金会项目学校的 100 多位老师参加了培训。2014 年暑期和 2015 年暑期，又进行了第二届、第三届暑期阅读种子教师研习营，2016年春又组织了“春桃·点灯人伙伴计划”种子教师阅读培训，参加人数由2013年的全县120人增加到2015年380人，再到2016年的全洛阳市区域参加。2015年，栾川地区4所学校入选“点灯人伙伴计划”项目学校，栾川地区的阅读教学呈现出百花齐放的局面。

薛瑞萍老师说她每年都要来栾川一次，因为这里有孔晓艳老师，因为这里有邵新锋校长，这里有一群走在阅读路上的人。

三、推动家长参与，助力儿童阅读

——绿杨烟外晓寒轻，红杏枝头春意浓

薛瑞萍老师说“鱼儿养在大海里，想小都难”。教育的这片海，不仅需要学校来构建，更需要来自家庭的力量，家长的参与和引领对孩子的成长发挥着更重要的作用。

无论是在潭小、五小还是如今的优仕树人学校，我们在推动学校书香建设，推动教师成长和孩子发展的同时，也很注重对家长的引领，让家长参与到教育之中，参与到阅读之中，让家长与孩子同步成长。

让亲子阅读成为生活常态，我们的亲子阅读主要通过全阅读和经典读书会来开展。周二、周四的家庭作业就是全阅读亲子阅读，周六上午进行经典亲子读书会，以学校的策略搭建平台引领家长参与到阅读之中。我们还成立了校家委会、班家委会，一周活动两次，请家长到学校，参与班级管理，参与阅读课堂。家长慢慢理解了学校大力推动阅读的做法，也自发地投入更多的精力陪伴孩子，在阅读中汲取养分，诞生了很多故事爸爸、故事妈妈、故事爷爷。一部分家长率先成长了起来，他们自发赞助孩子们的共读书目，协助教师开展阅读教学。他们自发举行了“寒暑假给每个孩子买两本书”的活动，一个家长带头，结果大家争着捐。学校还有个家长在县图书馆工作，把图书馆的流动图书车开到校园。每个期末对学生进行《日有所诵》和《全阅读》《我的母语课》评定，也是家长来打分、评选和颁奖。定期举办读书沙龙活动。两个班一场，亲子阅读，师生共读。安排的时间和参与家长人数往往超出预期。家长在台上和孩子一起诵读、表演绘本剧。由此，师生共读、亲子阅读理念得到家长认同。举办家长读书会活动，每月一次家长读书会，推荐适合家长阅读的书籍，以导读、交流、分享的形式推进，让家长与孩子一起共成长。

四、推动公益活动，播撒阅读种子

——让星星之火成燎原之势

待到群花红烂漫，慰我壮心笑开颜！当我从一名普通的教师成长为一群人的引领者，当我看到一个个学校的改变，一群群教师的蜕变，一个个孩子的蝶变，我在收获欣慰的同时，更想通过自己的力量把阅读改变生命的美好种子播撒在更多人的心中，我在前行之中开始了我的公益之行。

2015 年，我走进甘肃；2016 年，我走进西安、银川；2017 年，我带领我的培训师团队走进云南，同时推动我们培训师团队走向更多需要帮助的区域和学校，在电视台、贫困乡村等地开展公益阅读推进活动，定期进行爱心图书捐赠会——在助推公益中，让更多的人和我一起有力量地行走在阅读路上，做最美的点灯人。

不忘初心，砥砺前行。无论行走在哪里，无论身处怎样的境遇，我都希望自己能将这一份教育者的情怀和梦想坚持下去，成为阅读路上最执着的点灯人。

故事会说话

——我的“儿童阅读课程化”推广之路

安徽省安庆市大观区十里中心学校　汪　琼

汪琼，中学高级教师，安庆师范大学客座教授，亲近母语公益导师，安庆市儿童阅读研究与推广中心秘书长，《小学语文教师》教坛新秀，《当代教育家》个性教师。十多年来，致力于儿童阅读课程化建设，主攻绘本课程、通识阅读课程，到各地开展儿童阅读指导示范课和讲座三十多场，阅读推广事迹曾被央视《新闻直播间》报道。

怀疑，或坚信，我的课外阅读课程化之路，于2012年9月就那么突然也必然地起步了。我怀疑什么呢？怀疑靠着一本本语文书、一套套试卷习题霸占语文课堂，是否真的能培育出内心充盈的人？我坚信什么呢？坚信语文教育没有捷径，读、写、行、思四度空间共建，才能涵养学生强大的头脑、丰富的心灵。坚信也罢，怀疑也好，其实都源自我的经历。我就读的小学、初中、师范，用今天的眼光回看，都是薄弱学校，不是撤并就是消逝，早是历史烟尘。偏远，闭塞，贫穷，教辅资料听过但没见过，试卷一学期只有期末能见面，至今还记着那油墨香。可是，靠着逮到字就读，拿到纸就写的傻劲儿，语文，倒成了我安身立命之本。

漫长的困惑与思考，经韩兴娥老师《踏上阅读快车道》一书刺激，我决心用行动让孩子们的童年不同样，实践“5 + X”语文课程变革：“5”是指将国家教材、《日有所诵》、《新语文》、中华传统文化读本、经典儿童读物同时引入课堂；“X”指每学期不定期开展语文综合实践活动；从课程入手，深耕课堂，着眼生活，改变语文教育生态。从2012年9月至2016年6月，那四年，我们没浪费一个早读，《日有所诵》《小学生必背古诗词80首》《中华传统文化经典导读》等，花样诵读，各样互动，擦亮每一个清晨；那四年，边角料时间都用上，共读了8本《新语文》；那四年，每周必上绘本课，近200本绘本陪我们共绘时光；那四年，用老师、家长、同学互荐共读的方式，我们与《写给孩子的哲学启蒙书》、国际大奖小说系列、《林汉达中国历史故事集》等各类经典儿童读物共舞；那四年，从自来水厂到南京大屠杀遇难者纪念馆，每学期都在家长志愿者协助下游学，让学校也在窗外。当然，那四年，从最初考试成绩年级靠后导致本就潜伏的质疑与嘲讽蜂拥而起，到逐渐有老师让我推荐适合各年级的读物，我也在冰与火反复煎熬中百炼成钢化为绕指柔：我做的不只是推荐几本书让孩子回家阅读，而是探索如何充分而有效地利用学校时间，提供一种更贴近儿童，更接近语文本质的教育方式。我需应对的不仅是教学惯性，还有纷繁人心，不难才怪呢！

我本“犟龟”，认准方向就“固执”前行，但这种“犟”，似乎也有它的意义。2015年下半年，迎江区、开发区开始邀请我去做讲座，分享我的课外阅读课程化实践。讲座主题为“生命，从来就在彼此成全”，那些从实践中长出来的鲜活案例和生动故事，冲击着同样被围困的一线老师。那时，迎江区教研室江兴玲主任力邀我联合市区热爱阅读，相信阅读力量的草根老师们成立“悦读工作坊”，让大阅读遍及城区每一间教室。感动于江主任的教育情怀与视野，我起草成立方案，工作坊于2016年3月26日正式成立。这是一个民间公益组织，加入者都是本着对语文教育之道的追寻而自发参与，除了在各自班级实施大阅读，还轮流承担到社区、图书馆、乡村小学去推动阅读，上示范课等活动。其时，四照园小学江小琴老师摸索出“宋词课程”，双莲寺小学朱丽芳老师打造了“世说新语课堂”，华中路第一小学黄小卉老师开发了“读写绘课程”等，都是根据年段特征，借助个人爱好，发挥教育智慧，架构出个性化阅读课程，既成全了孩子，也找到自己的专业生长点。2016年8月，徽派语文网络教研，悦读工作坊7位代表向安徽省小语教师分享了如何开发并实施个性化阅读课程，反响巨大。同年6月，《当代教育家》刊登了《犟龟的语文教育之道》，亦推介了我四年的探索。

2016年9月，对我而言是个拐点。我从高琦小学来到十里中心学校，开始为期三年的支教生涯。虽出身乡村，但离家很早，这次转身落地，城乡教育巨大的鸿沟突然横亘在我眼前，触目惊心。我们班35个孩子，留守儿童6个，单亲孩子4个，心智障碍两个，还有无法统计的流动儿童。家庭教育如果是零还好一点，关键是负面影响已让这群才6岁的小孩问题丛生。抱怨无用无效，怎么办呢？继续打“儿童阅读课程化”这套牌！而让我确信这套牌威力的，反倒是那些学习有障碍的小孩。我们班图图，刚来时，眼睛不看人，说话口齿不清，下课不是打同学就是被同学打，上课不是四处溜达就是钻课桌底下，老师们头疼不已。奇怪的是，这样一个小孩，每天早上听着小朋友读《日有所诵》，他居然能背！他尤其喜欢绘本课，那次读完《我是霸王龙》，一下课他就拿过这本书，拽着我的手指，拖到文字那块，吱吱呀呀的，意思是叫我再读给他听。这些细节鼓舞了我：如果大阅读对图图有效，对其他小孩应该更有用。当然，这一年半也辛苦异常，我一手抓学生阅读，一手改善家长教育观念，同时还要承担全校大阅读指导工作，引导老师们进行绘本教学，设计整本书阅读等。教育的本质是影响，渐渐地，孩子们慢慢生动起来，老师们课堂上也行动起来，班级活动家长也参与进来。至暗时刻，微光亦是力量。11 月 23 日，《安徽青年报》整版刊登《阅读，温和而从容的力量》，推介大阅读走进农村小学课堂的故事，对彼时焦虑、疲惫的我，多少是一点支撑。

2017 年推广就顺利得多。3 月 4 日，中央电视台新闻频道《新闻直播间》专题报道“让传统文化贯穿国民教育始终”，介绍安庆传统文化进课堂的情况，我作为代表人物被重点报道。4 月，安庆市教研室筹建市儿童阅读研究与推广中心，我担任秘书长一职。成立仪式上，我作为代言人致辞，并执教《嘭嘭嘭》推荐课。中心在各县区招募核心成员，建起微信群，运行公众号，同时各县区教研室成立配套的推广中心，并借助皖新传媒、安徽少年儿童出版社等社会力量，在全市范围内推动儿童阅读工作。从一个人起步，到一群人携手，再到一个机构整体推广，受益群体日益增加。6 月份，《小学语文教师》刊登《网红身后的语文教育》，将这项探索推介给更广大的小学语文教师群体。

但城乡两种任教经历，让我意识到课外阅读课程化在农村更为迫切也更为经济，因此我更多地往偏远的农村小学跑。从不会借势的我，也慢慢懂得要依靠平台的力量，比如新教育、亲近母语等大型公益教育组织。因为农村太大，而个人太渺小。这一年，各推广中心的核心成员，先后在安徽省农村教师国培项目、安庆大讲坛、安庆师范大学、宿松县、潜山县、望江县等各处，开展讲座几十场，执教绘本阅读、整本书阅读等示范课上百节。渐渐也是——晓看红湿处，花重锦官城。

十多年来，我亦坚持读、行、思、写并行，累积文字 100 万字以上，上传博客、QQ、微信、简书等，点击率几十万，教师博览、守望新教育、点灯人教育等公众号都推送过我的相关文章，纸媒也发表了60多篇，包括《名作欣赏》《小学语文教学》《读写月报·新教育》等核心期刊。我想文字也许如春雨，可以让大阅读随风潜入夜。

朋友问我：人家名师纷纷往大城市跑，你究竟在乡下折腾个啥？没名没利的！我不能说什么，只分享了一位村小女老师写给我的一段话，它存在我手机里，守护、支撑着我平凡生活的不屈梦想——

> 汪老师，您好！您上次讲座后复制给破凉小学100本电子绘本，传到我们这儿只有几本。我为孩子们读了这些故事，他们很喜欢：读了《巴巴爸爸回到地球》，他们说要保护地球上每一棵树、每一只蚂蚁；《大棕熊的秘密》让他们知道生命的诞生是如此美好；还读了《小棕熊的梦》《月光男孩》《獾的礼物》……每次读绘本，他们都好安静。下课时有孩子跑过来说："老师，你读故事时，我眼睛都没眨呢。"我很爱我的孩子们，但我收到的绘本已经读完了，能向汪老师再讨一次吗？不仅仅是孩子喜欢，我也喜欢，《爱心树》《猜猜我有多爱你》《一片叶子落下来》都给我深深的感触！麻烦您抽空发给我一些，可以吗？非常感谢您！

后来，我将手头600多本电子绘本打包发给她。我无法表达的，其实这个故事都替我说了！

将浪漫进行到底
——我和孩子们的阅读生活

江西省九江市濂溪区第一小学　徐莉莉

徐莉莉，江西省九江市濂溪区第一小学教师，江西省小学语文学科骨干教师，九江市小学语文学科带头人，2016年度亲近母语儿童阅读优秀种子教师，点灯人大学会员专享课六年级导师，亲读会六年级助理导师，亲近母语培训师，亲近母语公益导师，亲近母语总课题组成员。几年来坚持在班级进行儿童阅读课程化的实践，深信用阅读才能更好地“点燃”与“唤醒”儿童，让他们拥有自由的翅膀和有趣的灵魂。

在这个语文教育饱受诟病的时代，在全社会网络媒体都在围绕高考改革热议“得语文者得天下”的时代，每个语文老师都会不停地问自己：语文的路到底要怎么走？如何带给孩子们一个不那么无味甚至痛苦的语文学习历程？

缘起：打碎　重塑

做儿童阅读课程以前，我一直都以为语文就是长这个样子的，我最大的追求就是向名师们学习怎么把这本书的每一篇课文上得精彩、好看，以实现我所认为的专业成长。直到我遇见了周益民老师和薛瑞萍老师。

在广州的一次观摩活动中，我第一次听周益民老师的课“这里有个颠倒的世界”，内容好玩，形式也好玩，你读，我读，拍手读，敲桌子读，还尝试创作颠倒歌，没有令人拍案叫绝的策略，周老师好像在带着孩子们玩。我很惊讶：课文课竟然可以这样上？但课堂上孩子们那种单纯的快乐和真实的自由却实实在在刺激到了我。也是在这次活动中，我第一次听薛瑞萍老师的讲座“阅读从哪里开始”，发现童诗童谣、图画书竟然可以那样神奇。

这次的遇见对我的语文教育观产生了极大的冲击。就如郝明义先生在《如何阅读一本书》的序言中所描述的那样，我的感受，先是羞耻和懊恼，然后又是觉得“何其有幸”，因为这样的语文观终究深远地影响了我。什么样的语文观？后来，我听了朱自强教授的讲座，读他的书之后才知道，这叫儿童本位！是的，我们的小学语文教育无论是内容还是方式都要从儿童出发，坚持儿童本位。

追随：在做中学

受到震撼的我，开始在班级中给孩子们讲绘本，读童诗，给他们开书单，让他们在课余时间阅读整本书。最初，我基本上是靠照搬《班级读书会 ABC》《把世界带进教室》等书中的做法，慢慢地，我开始读《阅读儿童文学的乐趣》《儿童文学概论》等书籍。同时，一次次去参加现场学习。还记得 2013 年 12 月 13 日第一次到扬州，参加点灯人大学的第一次课程，叫“整本书阅读工作坊”，丁筱青老师给我们讲如何赏析《柳林风声》这部作品的情形还历历在目。

此后是一发不可收拾，亲近母语的中国儿童阅读论坛、儿童阅读种子教师研习营、儿童母语教育论坛、写作工作坊、儿童课程工作坊，我乐此不疲，参加了一次次的现场学习。2016 年下半年开始，亲近母语提供的线上学习越来越多了。除了会员专享课外，我还报了“儿童诵读课程”，有梅子涵、朱自强教授、谈凤霞教授等众多大咖参加的“经典童书赏析与教学”，还有沉砂老师的整本书主题课程，等等，我像海绵吸水一样快乐地学习，虽然忙碌却很欢喜。

总之，我就是用这种最笨的办法一点点地在做中学，在学中做。

2016 年 9 月，校长支持我组建团队参加亲近母语的课题，我们从自己语文课中拿出了 3—5 节实施诵读、整本书、图画书三大课程，我们的班级都设立了由家长捐资每学期添置 70—100 本新书的公共书柜。有了同行的人，有了团队，研究与实践的氛围更浓，力量更大了。

诵读：我们每天从晨诵《日有所诵》开始一天的学习，在课堂上用吟诵的方式学古诗词，孩子们回家每天大声朗读 10 分钟是常规作业。在实践中我真切地感受到：用声音去抵达是最近的路！

整本书：我们带领孩子们从最初的两个月一本，到后来的一个月一本，再到现在的探索主题群书阅读的路子。图画书阅读也在进行这种围绕主题进行阅读的探索。

加入亲近母语课题实验之后，就好像回到了家。我少了许多的焦虑与不安，因为我得到了越来越多的引领与帮助。我感觉自己成长的脚步更快了。

我就这样带领孩子们每天沉浸在诵读、默读、讲述、分享、交流的活动当中。打破原来单篇精读的语文教学模式，我觉得我的课堂更美了。

在《当世界年纪还小的时候》交流课上，谈到其中的某个故事时，有个孩子说："这个故事让我知道了，女人总是容易看到别人的优点，而男人却容易看到缺点，要是我们看待事物时把这两点结合起来就好了。"

在《日有所诵》上读到《面朝大海，春暖花开》，我问，诗人若是面朝大海，哪里会看得到春暖花开呀？马上有几个孩子很快地接话，"在他心里呗"，"这是他心里的一种感觉呀"。

你看，千万不要低估儿童的思维深度和他们的敏感力，也许，正如那句话说的，孩子天生就是诗人和哲学家。

寒暑假期，除了给学生们列出适合的书目，我更会带领学生一起阅读《水浒传》《三国演义》这样有难度却有魅力的作品。有相当一部分孩子能把书中复杂的人物事件关系梳理得很清楚，有的孩子竟然有了多角度客观地评价林冲、武松、周瑜、曹操等人物的意识。我确信，孩子是在阅读中学会阅读的。

我向薛瑞萍老师学习，每周给孩子们讲一个故事，重复两遍，每周二的第二节课他们都会提醒我："老师，还没讲故事呢！"或者："老师，故事还有第二遍没讲呢！"我想这就是朗读的力量、母语的力量吧！

薛瑞萍老师说，吟诵是学习古诗词的最好方式。真是这样的，孩子们都是用吟诵的方式来回忆学过的古诗的。经过两三年的吟诵学习，孩子们对于平仄、入声字等已有了不错的把握，有的孩子拿到一首新诗标了平仄符号后，就能自己吟出调子来。有一个男生就是这样，课堂上他经常说：“老师你先别吟，我来！”

回顾我的课堂，孩子读得最起劲的永远是《日有所诵》；孩子们最放松的表情是在吟诵时间；孩子们发言最踊跃的永远是班级读书会……是的，用文学教育对儿童进行启蒙和唤醒比传统的条分缕析式的语文教学要有效得多，文学阅读和教育是儿童学习语言最好的内容载体、途径和形式。相信经过优质母语环境的浸润，他们将拥有看世界的眼光，拥抱世界的能力。我们要相信儿童的潜能，相信阅读的力量！

成长：让阅读照亮自己

“最好的东西不是独来的，它伴了所有的东西同来。”几年来，不仅带着孩子们进行了大量的阅读，我自己的阅读也更深入、更广阔了。

（一）读儿童文学理论

《教育的目的》《美与幼童》让我明白，教育最根本的问题是要解决对儿童的认识。关于儿童文学，朱自强教授那些深入浅出的理论，梅子涵教授的浪漫解读都让我获益匪浅。

（二）读儿童文学作品

这几年，我在带领孩子们阅读时，自己也读了大量的童书，包括过去读过的一些童书，现在以一种更新的视角再去重读，总能获得新的认识。

这些阅读让我拥有了新的眼光。这样的眼光让我们懂得该以何种姿态进入一部儿童文学作品，找到孩子与作品之间的桥梁；这样的眼光让我更懂得，如何利用“形式”分析的方式，帮助孩子们理解不同体裁、不同作家写的儿童文学作品。

（三）更深入、更广泛地进行文史哲方面的阅读

文史哲方面的阅读使我的视野开阔，帮我打通理论与实践间的壁垒，解决曾经的困惑、迷茫与焦虑，让我的语文教育理念更深度地建构。

改变：语文可以更美的

语文的路怎么走？说白了，语文的那点儿事其实就是阅读的事儿。这几年做儿童阅读课程的经历也让我明白，教师不是教材的执行者，而是课程的开发者。我们需要改变观念，进而改变我们的课堂。

首先是整合，例如，四年级下册第八单元的主题是“故事”，我把《文成公主进藏》与《渔夫的故事》放在一起学习，抓住民间传说常用反复重复的表现手法这个点来开展阅读，而《普罗米修斯》则引入《我的母语课》中“神话中的偷窃者”这个单元的三篇文章进行拓展、对比。

然后是扩充，一篇带多篇，一篇带一本。例如，五年级下册第二单元，通过《冬阳·童年·骆驼队》引导孩子阅读《城南旧事》，由《祖父的园子》的学习而带领孩子们阅读《呼兰河传》，用《草船借箭》这样的故事先行激发孩子们阅读《三国演义》的兴趣。

当然，最重要的是建设，构建一个个主题阅读的小课程。

（一）诵读文本主题阅读

古诗词中的典故（四年级）

通过找古诗词中的典故带领学生赏析古诗词《赤壁》（杜牧）、《嫦娥》（李商隐）、《浣溪沙》（纳兰性德）。

（二）群书主题阅读

战争是怎么回事（五年级）

我带领孩子进行了战争主题群书阅读，我们已经完成《寻找维尼》《铁丝网上的小花》《战马》《数星星》《鸟雀街上的孤岛》《美丽人生》（电影）的阅读，下学期还要继续这个主题中的《影之翼》《帕瓦娜的守候》《穿条纹睡衣的男孩》等书的阅读。

（三）图画书主题阅读

1. 生活教育（二年级）：《蚯蚓的日记》《彩虹色的花》《和甘伯伯去游河》《朱家故事》；

2. 有趣的视角（三年级）：《野兽国》《公园里的声音》《打瞌睡的房子》；

3. 哲学启蒙（四年级）：《安的种子》《石头汤》《失落的一角》《世界为谁存在》《风到哪里去了》《吃六顿晚餐的猫》；

4. 中华传统文化（五年级）：《桃花源的故事》《春神跳舞的森林》《桃花鱼婆婆》《花木兰》；

5. 生命教育（五年级）：《花婆婆》《一片叶子落下来》《小鲁的池塘》《爷爷变成了幽灵》。

总之，我们的语文课堂可以成为帮助孩子拓宽阅读视野，发现写作秘密，训练阅读能力，形成文化浸润的场所。

结语：将浪漫进行到底

我深知前行的路还很长。我想让孩子们的文学阅读更深入，还想让孩子们的阅读更广阔，让阅读课程有更多的延伸……

但我坚信，抛开樊篱与桎梏，走上儿童阅读这条路，才能更好地“点燃”与“唤醒”学生，也让我感受到拥有一双叫“自由”的翅膀，让我们的灵魂也变得有趣，让我们即使身在井隅，也可以心向璀璨！

所以，我要将这人世间最美好最浪漫的事——带着孩子们阅读进行到底！

不断突破　点亮心灯

——我的阅读教学故事

广东省深圳市南山实验教育集团南头小学　杨静涛

杨静涛，深圳市南山实验教育集团南头小学语文教师。深圳市优秀班主任，深圳市“我最喜爱的童书”活动优秀指导教师，亲近母语培训师。她深耕课堂，长期致力于“课外阅读课程化”的研究与实践，坚信童年的阅读能点亮孩子心中的一盏灯。

我很喜欢一首小诗，名叫《大人们的大事情和小孩子的小事情》，诗的开头是这样的：有些大人总说 / 我们小孩子干的一切 / 都是小事情 / 其实这样说的大人 / 是没能找到一条合适的路 / 走进我们小孩子的世界中。

我常想，究竟是一条怎样的路才能让我们走进小孩的世界呢？一直到我接触到儿童文学，在和小朋友们的共同阅读中，我才发现，阅读正是要呵护孩子心中的真、善、美的种子，最后培育成美好的园圃，而在这个过程中大人也就会找到一条合适的路，走进孩子的宇宙中。

我自己热爱阅读，也热爱带领全班同学阅读，除了在早读时带领学生一起读《日有所诵》，在课堂上我也会带领孩子们随着

《淘气包埃米尔》走进顽童世界；见证《草房子》里的少年们的成长，透过英子纯真的眼睛看这个纷繁的社会；我们惋惜西顿笔下野生动物们的悲惨结局，赞叹鲁滨逊的奇特遭遇，由此引发文明与野蛮的探讨；我们跟着康震走进李太白的浪漫、苏东坡的旷达，感受乱世中的美神——李清照的愁情；我们聊《论语》中的好玩，离我们生活的远和近。在孩子们享受阅读快乐的同时，我不断提升自己的教育智慧，希望帮孩子们培养一种自我学习、终身学习的能力。

那么我是如何踏上阅读之路的呢？

2002 年，刚从内地来到深圳的我，面临着各种不适应。除了背井离乡外，更多的是对课程的迷茫。以前课堂上扎扎实实教好一本语文书，孩子成绩好，大家就都满意了，现在不仅要把一本语文书教好，而且还要满足孩子、家长以及学校其他的需求，开展阅读教学。苏霍姆林斯基说过："一个不阅读的孩子，就是一个学习上潜在的差生。"作为语文老师，我深知阅读对孩子们的重要性，但是面对全然陌生的教学领域，我却充满了困惑，不知道从何开始。在 2005 年，我跟随学校语文团队来到了扬州，这群人中的周益民、岳乃红等老师给我们上阅读推荐课，上班级读书会，上经典诵读课。《时代广场的蟋蟀》《草房子》《小王子》……这些童书唤醒了我已经木讷的文学感觉。我们了解了亲近母语的课程，带回了《日有所诵》，也带回了想要在班级实践整本书阅读的热情。

因为常年在高段循环，我记得当时我班级共读的第一本书就是《草房子》。我在网络上看到了一些课堂实录，就依葫芦画瓢在班级共读后开展了聊书活动，结果出乎我的意料，孩子们非常喜欢这种上课对话的方式，于是，我们一本本开始聊起来：《尼尔斯骑鹅旅行记》，我们聊坏男孩尼尔斯的历险和转变；《淘气包埃米尔》，我们在欢声笑语中聊埃米尔的勇敢、正直、善良；《5月35日》，我们聊那充满想象力的神奇世界……就这样，一本本书伴随着我们度过一个个学期。一些话题的设计主要是模仿自己看过的一些案例，有时候实在不知道聊什么，就和孩子们一起朗读精彩的篇章，孩子们上阅读课的热情越来越高，阅读也慢慢地融入了孩子们的生活。我记得班级里曾有个叫熊世桢的孩子，因为特殊的姓，总是被人取外号“狗熊”“笨熊”“熊包”，再加上名字倒过来是“真是熊”，他苦恼不已，经常为此和同学争执甚至打架，严重影响了生活、学习。我推荐他阅读《少年派奇幻漂流记》，看到里面的主人公派也曾因为名字和外号而苦恼，最后却用自己的努力让老师同学刮目相看，他深受震撼，在日记中写下了这样的话：我以后要让自己的名字堂堂正正地被念出来：SHi-zhen XIONG。阅读让孩子多年来的苦恼得以化解，懂得用智慧去面对生活和周围的人，让生活更灿烂多彩。梅子涵先生曾经说过，“童话牵着日子的手，生命就很像童话了”。我把孩子带上了阅读快车，就是想让他们拥有一种书香围绕的生活方式，让阅读成为他们生命的一部分。在我们班级有触手可及的阅读环境，班级图书馆无障碍借阅，每天的课前三分钟轮流推荐一本好书，书友队定期举办活动交流分享好书，参加深圳市每年举办“我喜爱的童书”阅读投票活动……当阅读和孩子们的生活发生联结的时候，阅读变得更有意义了。

这个摸索的阶段既让我看到了阅读给学生带来的变化，也让我产生了很多的疑问：如何理解我的教学权力？如何开发我的课程？如何实践我的课堂？

在我充满困惑的同时，我从学校团队汲取了力量。我的学校是一所重视阅读的学校，在学校实验课题的引领下，有一大群实施阅读课程的老师。我们集体研讨，共同提升。我们语文教师要努力做学生阅读的“先行者”“同行者”“导行者”。但只从课堂教学着手，研究的是微观问题，不能从根本上解决教育难题。课程化才能从整体入手，从宏观视野上解决阅读的根本问题。在多年的实践中，我们学校主要形成整本书阅读的多种课型：整本书阅读推荐课、整本书阅读交流课、整本书阅读活动课、整本书阅读写作课、整本书阅读手册指引课。班级共读《夏洛的网》的时候，学生在老师的推荐阅读后，兴致勃勃地读完全书，我们一起交流作者怀特运用嗅觉、听觉、视觉甚至触觉来捕捉环境的特征；在朗读中感受着作者对大自然、对生活的那种热爱；我们讨论作者为什么要借“斧头”来开篇，体会亚里士多德曾经说过“戏剧要借物开篇”的妙处；我们画出表现威尔伯情感变化的句子，感受他的成长和变化，最后情不自禁为他骄傲；我们把书中对话多的章节找出来，改编成剧本，并编排成节目，孩子们自己设计海报和邀请函，在全校的聊书吧上进行表演交流，一个个小“威尔伯”、小“夏洛”获得大家的交口称赞。在进行这本书的教学中，我综合运用了整本书阅读的几种课型，学生在这个过程中不但阅读兴趣高涨，而且语文综合素养得到了很好的提升。几年的尝试下来，师生都尝到甜头之后，我们实验课题便大胆地支持老师们一学期用一半甚至以上的时间进行整本书阅读。在这样的课堂上我看到了勃勃的生命状态，尝到了一次次课堂的高峰体验。我发现当课堂的组织形式有了突破后，整本书阅读课程化往前迈了一大步。

2017 年 3 月，我加入了亲近母语点灯人飞翔计划，在这里有一大群有情怀、有才气的老师在共同研究，共同进步。当我自己成为一名阅读导师，需要独当一面地向更多老师介绍我的阅读实践的时候，我有了更深层次的思考：我们经常提倡孩子们要大量阅读，但是很多的阅读指向书中的具体内容或者知识，那么作为一个阅读推广人，我们在推广整本书阅读课程化的时候，阅读目标究竟是什么呢？这些目标可不可以评估呢？在整本书课程化中，学生的阅读不再是日常的、自发的、兴趣导向的，而是有组织、结构合理、有功能诉求的教学活动。教师的角色不再是阅读的倡导、管理与督促者，而是课程建设者、教学的实施者、过程的参与者。专业的问题需要专业的引领，在这个阶段我阅读了不少书籍，如蒋军晶老师的《和孩子聊书吧》《让学生学会阅读》，汤锐的《童话应该这样读》，钱伯斯的《说来听听》，许荣哲的《小说课》，唐娜琳·米勒的《书语者》，等等。我想到学生只有掌握了正确的阅读方法，才能进行终身有效的学习。一个好的阅读者是元认知的——能够有意识地在阅读中使用阅读策略，从而与文本进行互动，更深刻地理解文本内涵。所以在阅读中培养学生各种阅读的能力，其实就是我们阅读教学的目标。自从加入这个专业团队后，我在不断学习中，更注重提升自己对文本的解读能力，不断从文本价值开发出教学价值来，具体落实如何培养提升学生的阅读力。我的目标更清晰了，一本书读完，我不仅关注书中的情节、人物、主题，更关注孩子们有没有获得联结、图像化、分析综合、推测理解等具体的阅读能力。如，带学生读成长小说，一起做故事地图，培养学生提炼整合信息的能力；带学生读动物小说，我们把各种动物小说放在一起比较，分析探讨动物小说共同的主题，培养分析综合能力；带学生读幻想文学，揭开作者的写作密码，培养提问推测能力；带学生读战争小说，调取学生已有的背景知识和个人经验，从而更好地理解文本的意义，培养学生联结生活、联结书本的能力……

在阅读教学之路上，我已经实践十来年了，从最初的摸爬滚打到团队提升到专业引领，我一直在阅读之路上努力寻找，不断突破，我相信心之所至，一定会繁花盛开。也正是这不断的突破，点亮了我心中的一盏灯，我期望我的阅读课能够达到冷玉斌老师在《教书·读书》中所写的这样一个境界：

> 我愿意他们的心中更多一分温情，而不是坚硬；更多一分精致，而不是粗糙；更多一分明朗，而不是灰暗；更多一分自由，而不是束缚；更多一分美好，而不是世故。

从热烈点燃到轻轻呼吸

广西壮族自治区柳州市文惠小学教育集团　杨　薇

杨薇，柳州市文惠小学教育集团副校长，一位有着教育梦想的“点灯人”。从教二十年来一直耕耘在语文和阅读教学第一线，亲近母语总课题组成员，阅读公益导师。曾入围 2015 年“阅读改变中国”年度点灯人；柳州市“爱生模范教师”、城中区“最美教师”。参与编写儿童写作教材《我的写作课》。线上线下进行过多场儿童阅读课程实践分享及教学示范。

所有的遇见都是必然，正如我与阅读的遇见。

热烈点燃篇

2006 年夏天，十二年前，在柳州铁路文化宫礼堂，各所学校的老师们聆听着来自江苏的徐冬梅老师讲述母语教育。令人记忆犹新的是，讲座期间她给我们讲了一个故事，名字是“活了 100 万次的猫”。徐老师用她那温婉的讲述告诉我们：只有懂得了爱，生命才有了意义！好特别的一个故事，是我从没有听过的。当时的我特别感动，就这样，我与图画书、与徐老师开始了生命中的第一次相遇。

2007 年 3 月，在南宁，窦桂梅老师执教的图画书与作文课“我爸爸”给我带来了极大的震撼：看似简单的图画书故事却蕴藏着极为丰富的内容，从画面欣赏，到积累词语；从引导想象，到指导写话；从表现爸爸的可爱，到感悟父子亲情……短小的图画书故事在窦老师的精心引导下显得熠熠生辉，每个听课的孩子都被这个有趣的图画书故事深深吸引住了，直到下课也迟迟不肯离去。在台下听课的我，也被这堂课深深打动了。趣味且有深意的阅读课堂，才应该是语文课该有的模样，我也要上这样的语文课。

同年 7 月，我无意间结识了柳州本土儿童文学作家——巴豆。在她那里，我购入了大量梦寐以求的图画书，都是她从台湾采购回来的，当时书店里还没有引进这些书籍。一本本生动、有趣的图画书，在我和孩子心里播下了阅读的种子，有了优秀的童书，我的阅读课堂开始实践。

2009 年 4 月，我有幸参加了第五届中国儿童阅读论坛，我把那次出行称为精神的际遇！就在那一年，我们文惠小学加入亲近母语阅读课题研究；也就在那一年，我的教育梦想彻底被点燃——我也要让所有的孩子都爱上阅读，而优秀的童书将是最好的“诱饵”。从此以后，我开始了在别人眼里几近疯狂的阅读之旅：买书、读书、推荐；每一次的中国儿童阅读论坛和母语教育论坛都不想错过，学校不能总选派我参加，我就看光碟，借笔记；那些专业的阅读著作和经典的童书，每天都摆在案头，俨然成了“吃书的小孩”（有本图画书《吃书的男孩》真成了我那时的写照）……

轻轻呼吸篇

涌动的阅读热情是令人沸腾的，要做好阅读这个事业除却热情，更需要呼吸般的自然与持续。结合学校的阅读课程，我开始与班上的孩子、学校的老师们围绕阅读做轻轻的呼吸。

从诵读到吟诵。我与孩子们的学习生活，从每日的晨诵开始。除周一升旗仪式外，每周连续四天的早读课，我与班上孩子都会进行《日有所诵》经典文本的诵读。付文枫、李昆庭、谢卓良、禹文韬、蓝芷君是我班通过选举产生的领诵员。在他们的组织和老师的指导下，全班孩子开始一天诗意的语文学习。他们想到的朗读方式可多了——跟着光碟诵读、分男女生诵读、小组竞赛读、指名读，等等，读着读着大家就都会背了。在完成指定文学篇章的诵读后，我们会把所学的语文课本内容进行朗读复习。在种子教师研习营上聆听了吟诵的课例，消除了将吟诵束之高阁的畏难情绪，我开始学习《我爱吟诵》，也把吟诵带到孩子们中间。我班从《诗经·卫风·木瓜》开始，每两周一首。清晨，教室书声琅琅，音韵绕梁……

从专项阅读到学科整合。每周两节的阅读课，这是我校特别用校本地方性课程增设的，一节用来上图画书阅读课，一节用来上主题阅读课。我会结合孩子们的实际水平与需求，选取经典的图画书给孩子们阅读。例如，开学第一课，我给孩子们分享《飞上天空的绵羊》这本图画书。学到语文书第二单元“与大自然中动物交朋友”，我给孩子们推荐阅读《这样的尾巴可以做什么》。图画书不仅可以培养孩子的阅读兴趣，飞扬童心，增强读图能力，还可以引导孩子进行写作。例如我用图画书《好朋友》，教给学生“回环反复”的写法。主题阅读以往我们用的是学校配发的《全阅读》这套教材，从五年级开始，我们班用的是《我的母语课》这套新的教材。

在专门的阅读课之后，我尝试从专项的阅读课发展到学科整合。这不仅仅是为补充而上，而是将语文学习有机整合在一起，结合语文学习的进度，将图画书课和主题阅读课，联合语文教材统整起来，相互补充与丰富，从而把三门课变为大语文学科这一门课。教材每个单元其实都有一个主题，每篇文章表现的侧重点不同，那么在教学时，就可以抓住主线，突出重点，有效地利用课堂时间，用省出来的时间引导孩子做提升语文素养与积累的阅读。同时，我还尝试将教材中的课文分别按精读、略读与自读几种方式进行教学，把腾出来的课堂时间用于引进与课文学习相关的文章与书籍，丰富孩子的语文学习。

从吸入到呼出。在每天下午 20 分钟的午读课上，孩子们会带上特别喜欢的文字童书或者图画书进行静默阅读。作为老师的我，也静静坐在讲台的一角，看着自己喜欢的书籍。那样的宁静时刻，最让人喜爱，因为阅读给我们带来了无限的自由。孩子们的读物可以从三种途径获得：其一当然是自己选购的；其二就是从学校图书馆和绘本馆借阅的；其三可在我班的书架上获取。我班有个朴素但实用的读书角，孩子们每学期都会带一本优秀童书放到书架上，开展我班的好书漂流活动。班上的阅读班长黄钟映雪、廖奕程会详细地做好借阅登记，以及图书角的清洁与管理工作。班上孩子阅读完一本书后，会在书的扉页所贴专用表格中写下一两句阅读感受，便于读后交流。午读，我们要求孩子坚持默读，坚持读整本的书。

为了锻炼孩子们的表达能力，同时分享阅读的乐趣和收获，每学期我们还会开展丰富的语文课前的口语训练，本学期我们班开展的是好书推荐活动，孩子们按照学号依次上台进行推荐，发言包括如下四个内容：所推荐的书名；这本书的主要内容；印象最深的地方（可以用上些原文句段，也可以不用）；推荐理由。孩子们都从阅读过的书籍里精选好的内容，做充分的准备，表达流畅，条理清晰，有真实的阅读感受。更重要的是培养了孩子个体发言与表达的自信与自如。还有每学年的诗歌节、读书节，我们共同诵读经典诗文，演绎精彩故事。从慢慢地吸入，到轻轻地呼出，文字的色彩经由阅读烙印在我与孩子们的心田。

从教室内到教室外。生活处处皆语文，语文学习的舞台是无限大的。我绝不想把学生困在非常有限的教室之中。所以，我不断地构思、策划，组织学生开展丰富多彩的语文实践活动。例如，学完“大自然中的动物朋友”，我班开展了“十佳”动物名片的制作评比活动；故事单元中有神话故事、寓言故事、成语故事和历史故事，为了让孩子内化这些内容，我班开展“小剧场·大舞台”的课本剧表演活动；还组织班上学生积极参加各级各类刊物的征文投稿活动，给孩子锻炼的机会与平台。对于语文作业，我从来反对题海战术，语文学习除了必要的练习外，更多应该在于大量的高品位的阅读。让孩子在阅读实践中学好语文是我追求的目标。我也特别重视孩子们的练笔，学会表达是语文实践能力强的表现。每周周记的讲评课，是孩子们最期待的时刻。我以鼓励为主，引导孩子爱上写作，我班成为各类作文大赛投稿最多，同时获奖篇数也是最多的班级。此外，通过周记与习作，我也能及时了解孩子们的思想动态，有了共同的话题，更好地成为他们的朋友。

从一个班到一支教师队伍。我的阅读推广，是从自己的家庭延展到自己的班级的，先把想上的、可实施的都放在自己班开展实践。执研课题后，惠园语文老师成为核心成员，其他学科老师也需要参与到课题实验。于是，我在全校对所有教师进行了图画书导读示范，同时也与伙伴们按亲近母语倡导的儿童阅读核心理念进行培训。通过参与式的阅读指导，老师们对儿童阅读表现出极大的兴趣，争相表示要把这么有意思的书带给自己的孩子和学生。与此同时，我们开始了与课题相结合的实践研究。

从带动一群家长到一所学校，再到一个片区。只有孩子喜欢还不够，家长的支持与否决定了学生能否坚持阅读。因此，将家长“拉拢”到阅读童书的队伍中来何其重要！我带领老师们利用家长会和教学开放活动为家长上有趣的阅读课，给他们讲《大嗓门妈妈》《等一会，聪聪》的故事，让家长被童书本身的魅力所吸引，从而积极地开展亲子阅读。阅读推广扩大到一所学校，非个人影响，而是在校长的推动，及整个团队老师共同的奋进下——我所在的柳州市文惠小学，成为广西首个少儿图画书科普基地，也获评首届“阅读改变中国”年度书香校园。学校也因为“文惠”生长型课程，成为城区集团校的总校，分管三个校区。更重要的是，学校成为孩子们来了就不愿意离开的学校，他们都喜欢惠园。

就这样，由图画书到文字童书的引导阅读，我成为一名坚定的儿童阅读点灯人，同时也成为一名阅读公益讲师。我不仅在学校里推动阅读，也在城区、市内、省外进行阅读实践分享，实地、线上，与更多的老师和孩子共读童书。

阅读，已然成为我与孩子们生活的必需品。

十年耕耘　一径书香

福建省福鼎市桐南小学　余惠斌

余惠斌，中学高级教师，亲近母语总课题组成员，福建省小学语文陈曦名师工作室核心成员，海峡儿童阅读中心特约研究员，《读写》杂志特约编辑，宁德市首批学科带头人。长期致力于儿童阅读领域研究，“小学整本书阅读实践研究”课题成果获福建省基础教育成果奖一等奖，被评为2018年“阅读改变中国”年度点灯人。

阅读，是一束光，唤醒了我。

阅读，是一径芬芳，将我带向远方。

与学生共读，催开一树繁花

只管走过去，
不必逗留着去采了花朵来保存，
因为一路上，
花朵自会继续开放的。

——［印度］泰戈尔《飞鸟集》

与学生共读，始于2007年。当时我用大声朗读的方式把优质的读物带给孩子们，坚持了四五年。系统走上阅读推广之路，是2012年3月，我在网上申报亲近母语研究院的子课题，获批立项。2012年秋季，我们投入课题实验。

一年级初接班，我征得家长们的同意，建立班级图书馆，开始与孩子们一起读书。日不间断，诵读《日有所诵》；周不间断，坚持绘本共读。

孩子们在朗朗的诵读中，发现了生活与诗歌交融之趣——

秋天，操场上的梧桐树落叶了。课间，孩子们看到梧桐树的叶子在风中片片飘落，欢欣地追逐捡拾，口中念着："秋风秋风吹吹，树叶树叶飞飞，就像一群蝴蝶，张开翅膀追追。"这童谣童歌，不正是童心自然绽放的花朵吗？一个学年下来，孩子们的语言表达能力，发生了质的飞跃。

第二年秋季，学校六年级扩班，我临时被学校调到重组的六年七班任教。这个班级是由其余六个班级抽出来的同学组合成的，号称"杂烩班"。一下子与朝夕相处的同学分别，被扔到一个全新的班级，孩子们很难适应，一下课就跑回自己的原班，找原来的好朋友玩。更有甚者，有一位叫吕郑超的学生，对原来的老师有着极强的依恋情结，每次下课，都悲痛欲绝地靠在教师办公室门口，绝望地看着他曾经的老师。

我又好气又好笑。怎么办？

当务之急，是稳定军心。我给他们讲《石头汤》的故事，告诉他们，我们要齐心协力，通过自己的努力，将他人眼中的"杂烩班"，熬成一锅美味的"石头汤"。孩子们被故事打动了。但我深知，班级的凝聚力，光靠一两个故事是无法形成的。接着，我结合自己的课题实验，设计丰富的读书活动，搞活班级氛围：我们利用班会课，开班级好书推荐会；周一晨会课，开展好书漂流活动；周三上午第一节开读书交流会，分享共读收获。为了让读写结合得更为紧密，我们在凤凰语文论坛开了个习作专帖——《共熬美味的石头汤》。同学们线上线下，随时互动，畅快交流，很快就形成了自己的小群体，课间跑班现象消失了。

第二学期，我们开展“小组共读　循环日记”活动：让班级学生自由结合，组建成10个读书小队。每周共读一本书，小队成员循环写读书笔记。这期间，我充分发挥教师的引导、调动作用，通过展示、评比等活动，将共读活动掀起一波又一波的热潮。毕业那天，孩子们一个一个和我拥抱，舍不得分别。我们班级的QQ群，毕业后，被改名为“永远的七班”。最有趣的是，那个起初痴情于原任老师的吕郑超，现在改变痴情的对象，毕业之后，常常回学校看我。最令我喜出望外的是，2017年7月，我接到一个电话，电话那头的声音异常激动：“余老师，我要告诉您一个好消息：您的学生成中考状元了！”这个电话，就是原六年七班学生高涵打来的。他第一个打电话报喜的对象，居然是只教了他一年的语文老师！

在接下来的几年带班中，我不仅注重营造阅读环境，激发阅读兴趣，还持续将阅读课程化。每周三早上，是孩子们最爱上的阅读课；每周晨会课坚持诵读，用诵读的甘霖滋养孩子们纯真的心田。朗朗上口的诗歌，激发了孩子们创作的灵感，班上的小诗人，如雨后春笋般涌现。学生最感兴趣的，就是积分换奖品。每读完一本，及时在读书存折登记阅读书目，积5分；每背完一单元《日有所诵》，积5分……到了期中、期末，可以用自己的积分，换取心爱的书籍。这样的激励性评价，调动了大部分学生阅读的热情。期末我进行了一次调查：班上56名学生，喜爱阅读的占了51位；喜爱阅读胜于看电视的，有16位。我们班读了起来，其他班也读了起来，校园阅读蔚然成风。家长们纷纷评价：桐南小学的阅读课程实施，是真正惠及孩子的好举措！

“好的教学，是师生彼此之间的盛情款待。”我投入了热情，本没有奢求回报，但是孩子们用他们积极的回应，让我一路收获着：我撰写的跟阅读有关的教学设计、论文屡屡刊登在CN刊物、省级刊物上，还受到凤凰语文网邀请，在第七届凤凰语文论坛上做实验交流。2014年，我先后被评为宁德市“兼职教研员”、宁德市“学科带头人培养对象”；2015年，又入围了亲近母语的“阅读改变中国”年度点灯人评选。

与伙伴共研，沉醉一径书香

> 最好的东西不是独来的，
> 它伴了所有的东西同来。
>
> ——［印度］泰戈尔《飞鸟集》

2012—2014年，我带领着13位校内的课题组伙伴，在儿童阅读推广的道路上，摸索前行。

2015—2016年，我吸收市第二联动片区有志于儿童阅读领域的老师（4所学校，共17位教师），加入我的市级课题“小学生整本书阅读实践研究”，期待在课题研究的推动下，共同推进区域阅读。

我们一起学习、交流——

我们的实验脚步，走得坚实有力。近几年来，亲近母语举办的各种高端论坛活动，点灯人大学、儿童阅读种子教师研习营都有我们实验班老师学习、展示的身影。我们先后在亲近母语的论坛、凤凰语文论坛中建立课题实验专帖，请老师们在帖子里记录学习、实验的点点滴滴，便于即时交流。因为课题实验开展得扎实深入，我们的课题实验专帖分别被亲近母语网站、凤凰语文论坛置顶奖励过，还被评为“凤凰语文论坛十佳帖子”。

我们一起实践、研讨——

根据学段特点，我们采用“1+X”的方式实施：低年级，致力于读写绘课题实验；中年级，致力于主题单元教学实验；高年级，致力于整本书阅读课题实验。而诵读课程，是贯穿始终的。我们每周上一节阅读课，每月交流一次实验心得。周老师的读写绘，蔡老师的“课前上下五千年历史故事”，林老师的“读写俱乐部”，给孩子们带来的是周周的期待，日日的坚持。每一轮课题实验，我们都定期开展课题实验评佳课、研讨课活动。实验班教师根据自己的研究领域，展示不同的精彩。

我们一起宣传、推广——

我们在儿童阅读推广活动中，开创了6个“福鼎市第一”：

第一次在市级教研课的平台上，开设班级读书交流课；

第一次利用专业网络平台，开展整本书课题实验交流研讨；

第一次举办以阅读为专题的跨县市大型教研活动。

我们不仅培训教师，还努力把家长引到共读平台：

我们第一次开展家校读书分享会；

我们是福鼎第一所邀请故事爸爸妈妈进课堂的学校；

我们首创“童心童语童绘”微信公众号，利用节假日开展读写绘公益活动，在校内外举办了多场绘本共读公益活动，听课的家长、孩子达千人以上。

我走上行政岗位之后，在伙伴们的协助下，全力打造书香校园。每年4月，我们一起过读书节；每个期末，我们开展“阅读考级”活动；每年岁末，我们开展“同沐书香　共享阅读”年度书香盛典活动，评选年度“最美阅读达人”“最芬芳班级”“最创意阅读实践作品”，以评促读。为了给孩子们营造大阅读空间，我多方努力，使我校成为福建省少儿图书馆分馆，共享图书资源，优化阅读课堂；我们还与市图书馆、新华书店达成共识，一起为打造良好的儿童阅读环境行动。2017 年暑假开始，我们连续两年与市新华书店合作策划了“悦读悦乐　清凉一夏”公益读书活动，听课学生近千人。

成为福鼎市小学第二联动片区九校教研工作的主要引领者之后，我更是着力推动区域书香校园建设：在教研活动中增设书香沙龙分享；建立九校教师成长共同体微信群，每日分享经典作品，每周分享精品主题，用心引领，发动更多的教师去带动更多的孩子走进阅读世界，打好人生底色。2017 年 5 月，借省少图分馆授牌之机，我们策划了福鼎市首场县域阅读推广活动，全市各校分管副校长、完小校长、阅读推广人齐聚一堂，共话阅读。福鼎的儿童阅读推广，又向前跨进一大步……

实践的过程，就是成长的过程。课题组的伙伴们纷纷成长起来了：我、周菲儿、黄香明、陈秀英老师陆续成为各公益组织的阅读导师，开始走出福鼎，外出送培，线上线下近 50 场。近三年，我个人就做了 30 多场。课题组教师撰写的阅读课程实施文章屡屡在各级报刊发表，在各级评比中获奖。本人主持的“小学生整本书阅读实践研究”课题研究成果，荣获 2018 年福建省基础教育成果奖评选一等奖。

2017 年 10 月，福建省首批“义务教育教改示范性学校”申报工作启动。我立足于学校现有阅读课程体系，将目光聚焦到了基于学校平和文化背景的“大阅读课程体系构建”。此项目得到专家认可，桐南小学因此被省教育厅授予“义务教育教改示范性学校”称号。接下来，我们将进一步探索全员阅读、全程阅读、全科阅读的有效途径与方法，并由儿童阅读带动家庭阅读，辐射到社区阅读，让阅读效应最大化，从而营造“阅读相伴　平和成长”的生态校园。

回顾十多年的阅读推广历程，我深深觉得，这是一个“立己达人”的过程。阅读，改变了我的行走方式和生活状态，让我能自信从容地活在当下，充满善意地去面对一切；阅读，也让我身边的许许多多人，一点一点地发生变化……我想用戴望舒先生的诗句作一个收束：

这些好东西都决不会消失，
因为一切好东西都永远存在，
它们只是像冰一样凝结，
而有一天会像花一样重开。

与儿童文学相遇的 7 个“第一次”

江苏省扬州市正谊书院　余　耀

余耀，江苏省叶圣陶研究会理事，扬州市民进基础教育教师发展研究会副会长、秘书长，民进广陵基层委员会主委，中学高级教师。目前主持扬州市正谊书院的教学工作，致力于做适合儿童的传统文化教育。其主持的正谊书院少年国学堂项目获江苏省小学特色文化建设项目优秀奖，入选 2015 年首届 LIFE 论坛全国 50 个优秀创新项目。自小爱阅读，自称是在图书馆里泡大的。曾获江苏省首届小学语文青年教师阅读教学大赛优胜奖，江苏省首届“凤凰语文”论文大赛一等奖。关注儿童阅读和成长，醉心图画书的阅读与欣赏，应邀为上百本图画书写导读推介，成为知名儿童阅读推广人。著有《由图画书爱上阅读》。热心公益事业，连续十多年利用假期到偏远山区义务支教、送培。2015 年被民进中央授予“全国社会服务先进个人”。

与儿童文学相遇，是在十五年前的那个秋天，苏北一个盛产莲藕的小县城——宝应。和著名儿童文学作家梅子涵先生的相遇，从此，开启了一位小学教师的儿童文学阅读和教学的历程。

第一次遇上儿童文学

2003年秋季，亲近母语课题组举行课题的中期汇报活动，地点选在宝应。那是我加入课题组以来参加的第一个大型活动。有示范课，有专家的辅导讲座，特别是课题组第一次邀请了上海师范大学的梅子涵教授专门为小学老师讲儿童文学，着实让人兴奋。在去宝应的路上，一行人谈论着话题，很有些“小学语文教学”的专业气息和憧憬，并不曾料到那次活动的重要意义。世界上有许多事的意义往往是后来才发现的。我个人认为那是“儿童文学”向“小学语文”迈进的一个重要时刻，具有不同寻常的仪式意义。之前，我对儿童文学的认识，只是《少年文艺》里的一些文章以及课题研究时推荐的文学名著，并没有儿童文学的感性认识。但是一见梅老师之后，一听梅老师的独特讲述之后，一切都变了。“儿童”“文学”“阅读”这几个字从此深深印在脑海里。

梅老师在后来回忆那次宝应之行时，特别提到一个我们都无法看到的东西——在宾馆门口看到一辆马车。我相信一位作家的眼睛，而且是一位儿童文学作家的眼睛，能看到我们所不能看到的东西，就像梅老师后来倡导的“相信童话”一样，他在唤醒我们渐渐遗忘的东西。我觉得那辆马车是有一定的象征意义的，代表着一个新的旅程开始了。

我清楚地记得梅老师那次讲到了一本名为*Guess How Much I Love You*的书，即后来他译成中文的《猜猜我有多爱你》。我第一次被这图文并茂的图画书打动。原来世上还有这等有意思的书！后来我在一篇文章里写道：

这是一场庄严的游戏。你看小兔子的神情，是那么认真，是那么尽力，他在表达什么呢？我们又感觉到什么呢？最妙的是结尾，犹如画龙点睛一样，绝不可放过。

大兔子把小兔子放到用叶子铺成的床上。他低下头来，亲了亲小兔子，对他说晚安，然后躺在小兔子的身边，微笑着轻声地说："我爱你一直到月亮那里，再从月亮上回到这里来。"

梅子涵先生的生花妙笔，让一种叫爱的液体夺眶而出。

第一次进行亲子阅读

儿子上小学了，我像许多做了父母的人一样希望他成绩优秀，给他买了许多故事书。老实说，我为他读书读得很少。因为我认为，他能识不少字，看一些简单的带拼音的读物不在话下。然而事实却让我百思不解，他钟情于他幼儿园时的读物，隔一段时间总要找出来，翻翻看看，嘻嘻笑笑，快快乐乐的。我看这些书，图多文少，绘制精美，几乎不需要读文字，即可通过图画来了解大部分内容，难道儿子厌倦文字的阅读，还是读图时代的后遗症？后来我才明白，这正是图画书的魅力所在。难怪有人会说，世界上大多数民族的阅读是从图画书开始的。

于是我便和儿子一起读图画书。有一本图画书叫"小老鼠和大老虎"，是《东方娃娃》的图画书刊，我和儿子读了有20多遍。每次他总是兴致勃勃，乐此不疲。有一次，我翻页时，错漏了两页，他竟然指出了错误，并准确复述了其中的内容。这使我大感兴趣。我发现孩子其实不只是在阅读一本书，更重要的是沉浸在书里，享受着亲情和故事。他始终认为他就是那只小老鼠，我呢，就是那只讨好他的大老虎。而最后出现的那只打破关系平衡的犀牛就是妈妈。对书里的角色产生认同感，这或许就是阅读的乐趣所在。后来我们又一起读了《可爱的鼠小弟》《爷爷一定有办法》《我的幸运一天》《我的爸爸真麻烦》……有一天，儿子突然对我说："我想写一本书，名字就叫'我的爷爷真麻烦'。"我大吃一惊，一个小孩子说出这样的话，是需要勇气的，他的勇气从哪儿来的呢？阅读里。

第一次执教儿童文学作品

我是一名教师，在儿子身上有了收获，便想和自己的学生也能分享，于是便在自己的班上尝试了图画书的阅读教学。2004 年 10 月，我在班里上了第一节图画书阅读课，选的是王一梅的《胡萝卜先生的胡子》，让前来听课的学生、老师、家长耳目一新。有老师、家长惊叹自己孩子的创造力、想象力和表达能力。特别是浓厚的兴趣，更让孩子不愿下课。后来，我又给他们读了《爱心树》《活了 100 万次的猫》《小狐狸的窗户》。尤其是安房直子的《小狐狸的窗户》这本图画书，更让学生喜爱上安房直子的文章，甚至在自己的作文之中自然而然地模仿了安房直子的风格。

教学相长，有时从学生那里我也能获得启发。记得有一次，我和学生一起读《爷爷一定有办法》时，孩子们的关注焦点竟是地板下小老鼠一家火热的生活。他们特别感兴趣的是地板上爷爷将破旧的毯子碎片丢下时，小老鼠一家欢天喜地地利用这些材料丰富自己的生活。现在回想起来，当初阅读时，我把学生向"环保"和"废物利用"等功利性方向引导是有些粗陋、幼稚的。我的亲身体验是我们对于儿童文学的认识远远不够，在阅读文学作品时，要注意不能以平常的教学方法和模式套用，让一篇内涵丰富、智慧灵动的儿童文学作品变得呆板、僵化。我们要学会用儿童的眼光去认识儿童文学作品，重新发现儿童、认识儿童，要用生动和灵气去活化儿童的课堂，使真、善和美在童年的课堂里充盈、流动起来。所以从这个角度看来，儿童文学就不仅仅是儿童的教材那么简单了，更应该成为儿童的生活，成为儿童的精神食粮。我们要让课堂弥漫文学的味道，更要用儿童文学改变课堂的机械、单一、保守和沉闷。

第一次和老师分享儿童文学作品

第一次为老师们读的儿童文学作品，是那本图画书——《爱心树》。在一次教师大会上，我出人意料地为老师们读了这本书，引来的是一阵沉默，我真切地看到有人眼中有莹莹泪光，在结尾处我不经意地说了这样一段话：

> 也许，我们就是那个小男孩，但谁是我们生命中的那棵树呢？
>
> 也许，我们就是那棵树，那谁是我们生命中的小男孩呢？
>
> 因缘际会，各位珍重把握吧。

看得出，那次为老师读图画书，激发了他们的兴趣，以至于每次教师大会，老师都会问我：今天读什么书给我们听啊！后来学校成立了教师的读书会，我每两周为老师读一次图画书或推荐一本儿童文学作品。记得第二次阅读的是日本五味太郎的《鳄鱼怕怕，牙医怕怕》、佐野洋子的《活了100万次的猫》，引起了大家的欢笑和共鸣，也引发了不少老师的思考。还有许多老师受启发自发地去买来图画书，为自己的孩子读，为自己的学生读。我也时常能听到些让人感动的案例。一位老师告诉我，她为上幼儿园的女儿读《借你一把伞》，没料想女儿一放学回家就忙着找这本书，一听再听，一看再看；还有老师告诉我，她在为学生读《幸福的提姆和莎兰》时，50多人的班上，静得连根针掉下去也听得见……

一次，我发现一些低年级的老师为了表扬学生，在他们的额头上贴上了小红星，以示鼓励。得到红星的人得意扬扬自不用说，但那些未能得到的孩子眼中的神情让我难以忘记，是渴望，还是一种说不出的感受？我不知道，于是在教师读书会上选了一本美国作家陆可铎写的《你是我的孩子》，给老师带来了深深的思考。一味的表扬也许会伤害孩子，树立信心的方法在于激励，我们要多一份体贴，多一份关爱，表扬学生也需要智慧和方法。

第一次进行专项课题研究

2004年9月，在第一届中国儿童阅读论坛期间偶遇中国台湾儿童出版社的陈卫平社长及沙永玲总监。从他们那儿，我了解到了许多关于儿童文学，特别是图画书的讯息。一时间，仿佛在我眼前打开了一扇奇异的窗户，让我瞥见了人世间最美好的礼物。从此，我便一头扎进了图画书的海洋，贪婪地阅读。渐渐地，我发现我不知不觉地喜欢上了图画书。

许多朋友非常奇怪，我原先研究的课题是有关儿童经典的诵读，为什么一下子转到了图画书阅读研究上来？其实，我自己也觉得奇怪，常常静思“经典诵读”与“绘本阅读”有什么联系。慢慢地，我若有所悟，图画书与经典是相通的，都是人的精神家园，也都能随着阅读者的认识水平提高，而能不断常读常新。“经典诵读”中所倡导的“不求甚解”对图画书阅读也同样有效。事实上，我们又怎么能“穷理尽性以至于命”呢？不如让那么优美、生动的形象，伴随着我们一生的成长，用生活的阅历和原始的情感去丰富、体认，让我们在人生的某个路口蓦然遇到似曾相识的一幕，然后心有戚戚焉，有所悟、有所得……于是，我申报了“图画书阅读与教学”的子课题研究，为的是研究图画书在阅读与教学中的一些规律性，帮助大家更好地认识与运用图画书这一优秀的儿童文学形式。

通过课题的研究，我梳理了世界图画书发展的脉络，了解到欧美、日本等地在图画书阅读与教学的现状，这一切对我们将图画书带入课堂提供了很多参考。

第一次出版研究专著

2007 年 3 月，我研究图画书的专著《由图画书爱上阅读》由北京师范大学出版社正式出版。梅老师亲自为这套“亲近母语”研究丛书写了篇名为“中国高原”的序言，在序中梅老师肯定了我们的努力，并对中国儿童文学的未来推广与发展提出了自己的期盼。

在书中，我提出了“当小学语文教学遇上图画书”这一命题，呼吁将图画书阅读引进小学语文的课堂，为语文学习增添一抹亮色，并就图画书的阅读与语文教学的关系及操作提出了自己的看法。全书共分三个章节，分别是图画书的发展、图画书的阅读和图画书的教学。当时本书是大陆为数不多的图画书的教学书籍，所以引起了许多老师和家长的兴趣。一位农村教师特意买了一批分赠给同好，让我格外感动。

特别需要说明的是，当初这本书的名字是“由绘本爱上阅读”。有一次梅老师特地打来电话，建议将“绘本”改为“图画书”，因为“图画书”更科学与合理，同时也更能彰显悠久的历史。虽然是一个词的改动，却饱含梅老师对中国图画书发展的热切期望。记得2010年在常州的阅读论坛上，我与梅老师有一次访谈。我问未来图画书的发展趋势，梅老师郑重地说，未来的中国，一定会创作出世界一流的图画书，成为图画书的“强国”。

第一次认识文学的讲述

把儿童文学带进课堂，不是一个形式或内容的引进与带入，而是一种方式，一种态度，一种文化的传递。这时，“文学的讲述”这个概念便进入了我们的视野。文学的讲述，传递的是文学的气息，在娓娓道来之中，从容安定地将文学作品的精神内核传递给听者，入耳入心。在梅老师的大力推动下，儿童文学讲述大赛举办了六届，每年都会吸引一大批老师，甚至家长参加，在不断的摸索中，我们也渐渐发现了讲述的一些规律。

“讲述”不是“朗读”，不是装腔作势、拿腔拿调，要尽力回避这样的“不真诚”。首先，讲述需要有“书”。“书”是凭借，是由头。个人的讲述才能与魅力需要借助一个载体来生发。书有书的节奏与韵味，因此在讲述时，不要伤害了这样的巧妙。故事较长，需要剪裁。如何把握好剪裁的度，需要讲述者根据全书的基调权衡，个人的发挥与想象不能影响书的主旨。其次，讲述要有“对象感”。我们为儿童讲述，将美好和快乐、思考和感动带给他们，而不是只将一个故事的情节告诉他们，增加他们的积累和记忆。这可能就是不能将“讲述”简单化为“讲故事”的原因。此外，讲述还需要多种风格，就像古人所言，万紫千红总是春。但风格的形成，因书、因人，甚至因时而异。运用之妙，存乎一心。这“一心”便是我们的“儿童观”，我们的“文学理念”。文学的讲述，需要摒弃功利的热闹，将纯粹的天真展现出来。不是为“奖”而“讲”，而是和孩子一起享受文学的乐趣。

社会学家说每个成年人都是从童年走来的，童年是梦想，也是梦乡，是我们精神的“桃花源”。因此，优秀的儿童文学是适合所有人阅读的，因为那是真、善、美的佳品，也是现实人生的一剂清凉剂、忘忧茶。我们阅读优秀的儿童文学，实则是补上了人生的起始阶段的重要一课。每个人的童年都是放飞梦想的地方。而今时过境迁，只有借着有温度的文字来重温那段往事。时光虽远，情怀依旧。优秀的儿童文学作品像一只温暖的手，拨动了心底那根久违的琴弦。一曲余音，久而不绝。回顾十年的儿童文学阅读和理解的历程，我内心充满了感激。我遇到一位好老师的引领，正如有一年的教师节，我给梅老师的那条短信那样——

虽然我不是您正式的学生，但您却是我真正的老师！

谢谢梅老师！谢谢儿童文学！

无心之美，有心寻之

江苏省常州市武进区湖塘桥实验小学　臧明艳

臧明艳，常州市武进区湖塘桥实验小学语文教师，江苏诗歌教育联盟讲师团核心讲师，儿童阅读推广人，亲近母语培训师。潜心研究童诗教学多年，研发了整个小学阶段的儿童诗课程。近年来多次受邀前往各地执教诗歌示范课并举办讲座，在首届新体系作文全国青年教师作文教学观摩活动中执教童诗创作课“花的原野”获一等奖，指导学生作品多次获省市级儿童诗歌创作大赛一、二、三等奖。

儿童诗，点亮一盏纯白的灯

我并不是一个诗人，在这之前的十年时间里，我写的都是散文。可我喜欢读诗，也喜欢教孩子写诗。回忆起来，最早开始读现代诗，应该是在初一的时候，读冰心先生的《繁星·春水》。诗歌直指人心，只要你在读，那些句子，就会在你生命的某个时刻，扑面而来，好像完全不需要你去思考，它们自然而然地就出现了。

记得有一年春天，我带着孩子们到校园里去上童诗课，一个女孩说：“老师，您觉得柳芽有心跳声吗？”我惊异于这孩子奇特的想法，便顺水推舟说：“你可以听听看啊。”然后她就真的闭上眼睛，耳朵贴着柳条，很认真很用心地倾听着，然后她告诉我：“老师我听见了，听见柳芽们的心跳声啦！”

柳芽的心跳声

五年级　余　超

温暖的午后
我和春风一起
听到了柳芽的心跳声
那么小
那么轻
那么密
每一朵柳芽
都有一颗
小小的心
在春天的午后
自在地跳着

儿童的好奇心驱使她想要在大自然中探索，既然人类有心跳，那么植物是否也有呢？这种看似无意识的想法与认识，其实正是儿童内在的诗性与灵性，他们将世间万物与诗意内部联结了起来。诗中没有华丽的言语，没有深刻的思想，有的只是善于捕捉那一瞬间的灵感。诗歌的创作从来都是不可预见的，华美的诗歌或许是冥思苦想后写出来的，但真正触动人心的，一定是那灵光乍现般的诗句。

带着孩子们写诗，八年的时间里，我发现当他们一旦进入自然，就会如同小鹿一般撒欢，他们不会错过任何一片落叶上的锯齿形状，会争论一个黑漆漆的小洞里面住的是田鼠太太还是刺猬一家，他们用狗尾巴草来打仗，让笑声和汗水将自己完全包裹起来。这时候的孩子，说出来的话就是一句一句的儿童诗，因为聚集在他们内心深处的诗性正在被自然唤醒，随之倾吐出来的便是富有生气和趣味的、蔓延开来的盎然诗意。

带孩子在自然的怀抱里放飞诗心，让他们成为真正的儿童，拥有真正的童年，这正是儿童诗带给我们的喜悦和感动。后来孩子们告诉我，他们有时间就会走进自然，去和一只蓝色小甲虫打招呼，为一条迷路的蚯蚓让路，为一朵绣球花的开放而欢喜。当一个生命真正停下脚步，去关注其他的生命，去欣赏，去倾听，去友好相处，彼此的生命都将会得到更好的成长，孩子也从内心到灵魂都成为自由者。

八年里，我从自己的班级开始做实验，我和孩子们一起开始了名为“和花儿在一起”的童诗微课程研究。我们一起搜集、阅读了国内外百余首花卉儿童诗。我们查阅这些童诗中花朵开放的季节，制作了“四季花事”，感受不同季节不同花朵盛开带给我们的不同心情。

从校园开始，我们踏上了赏花之旅。孩子们惊奇地发现，原来在我们身边有许多美丽的花儿开放着，春天的玉兰、夏天的紫薇、秋天的桂花和含笑，还有冬天的蜡梅。我们走出校园，踏进周围的田野，找寻着各色野花的身影，那柔嫩的触感、真切的芬芳给我和孩子们带来了发自内心的喜悦。他们在花树下走过，笑得比桃花可爱；他们在花田里奔跑，好像一群活泼的菜粉蝶，飞进诗意的田野。孩子们认识了比指甲还小的阿拉伯婆婆纳，说她是“大地最小的女儿 / 挨挨挤挤开在春风里”，还说她“如大地母

亲蓝色的 / 眼睛 / 有明亮而温柔的目光”。

教学《桂花雨》一课时，我发现琦君把年少离乡的忧愁，她对家乡旧宅院子里那棵金桂以及对母亲的怀念，都隐藏在“摇桂花”这一童年回忆中。这份深情，孩子是不易察觉的，他们更感兴趣的是那场纷纷扬扬的“桂花雨”到底有多美。我在上这一课的时候，把孩子们直接带到了学校的桂花园。秋风吹过，桂花像“金急雨”一样飘落，他们不由得惊呼起来。他们钻入林中，在树下捡桂花、吃桂花。坐在桂花树下，他们既背下了文中“细细香风淡淡烟”一诗，还编写了一首首写桂花的童诗，如《喜欢》：“我的手喜欢桂花 / 桂花把小小的手指染香了 / 我的头发喜欢桂花 / 桂花把长长的辫子染香了 / 小昆虫们喜欢桂花 / 桂花把细细的触角染香了 / 小草和落叶都喜欢桂花 / 桂花把他们的梦染香了。”在这一过程中，作者儿时的快乐，不言自喻。此时我再讲述琦君离乡后的种种故事，孩子们便真的用心感受到了那份难忘与追忆。

我成立了儿童诗社，开始带着老师们一起做课题研究，从区级做到省级。研究的过程中，我开发了整个小学阶段的儿童诗课程，自 2016 年起在北京近 30 所学校推广使用。我也去更多更大的地方讲课。每一次出发，我都会告诉自己和孩子，老师又要像李利一样去点灯了，地球上的孩子那么多，而我能为更多的孩子讲童诗，多么幸福。记得有一次我接受《新华日报》记者的采访，她问我为什么想要带着孩子写诗，我说，因为我们都是田野的孩子啊，我们的小镇被农田包围着，每一寸清新的空气，每一只呼啦啦飞过的鸟儿，每一片城市里看不到的野花，都想要住进我们的诗歌里，所以写诗这件事儿，是多么自然而然呀！

一个孩子在童诗中写道：“夜行的蜗牛 / 收到鼹鼠妈妈的礼物 / 那是一盏 / 洁白的栀子花灯 / 蜗牛把它戴在头上 / 沿着亮堂堂的路 / 往前走去。”这是我最喜欢的一首童诗。正如她所写，在往后的长河岁月，我会和孩子们一起，继续在童诗的世界里远行。

宋词，你在从前慢的时光里等我

在带孩子读儿童诗之前，我自己更喜欢中国的古典文学，尤爱长长短短的宋词。

2012 年春天，我带毕业班，也是和他们相处的最后半年时光，总有些许不舍，想给彼此留下一些纪念。放寒假前我和孩子们说，古诗文读了一年半了，从明年开始我们一起填词吧。他们欣然答应。春意款款，我随意填了一首小令，不讲究平仄，勉强凑个格律，权当对初春的应约："江畔柳芽青浅，远麓春山如练。红树间疏黄，绿酒再歌几遍。又见，又见，双燕戏蝶一片。"

宋词的词牌名有 1 000 多个，从两字到七字不等。如此盘根错节，我想到了自己最喜欢的婉约派代表词人——李清照。而六年级的课文中正好有她写的《如梦令》，机缘巧合，就先讲"如梦令"吧。

当我把《如梦令》的定格写在黑板上时，孩子们饶有兴趣地读起来："仄仄仄平平仄……"我问道，知道什么叫"平仄"吗？班级里一个女生说："我知道，老师以前讲对联时说过，音调的一、二声为'平'，三、四声为'仄'。"

我又说与他们听："带'令'字的，称为令曲或小令，一般是字少调短的词，起源于唐代的行酒令。"立刻有一名男生说："我在电视里看过，一群文人围坐一桌，以筷子敲碗为节奏，一边随口吟出几句词，接不下去的要罚酒呢。"

我对应定格写了一首李清照的《如梦令》，问：读这首词，你的眼前会出现怎样一番景致？常年读诗的孩子们大约能揣测出词中景象，纷纷以自己的语言描绘着夏日黄昏的美景，更与易安先生同享“沉醉不知归路”时的尽兴，迷失于藕花深处，却无意惊起闲散的鸥鹭。读上几遍，我们似乎能闻到朵朵粉荷散发出清爽的芳香，听到词人与朋友们爽朗快活的笑声，感受到她们“酒不醉人人自醉”的乐趣。

李清照的这首《如梦令》是她早期的代表作，一个家境优越的少女天真烂漫、无忧无虑的形象跳跃在词中的每一景、每个字里面。我引着孩子聆听范读，想象画面，是为了“造境”，还原当时的情景，使学生不知不觉中走进词中所描绘的景致，甚至或许就成了与李清照同坐小舟的那个人，与词人同“醉”，为美景而醉。

而想象与感悟，最终需要通过朗读来表现。内心的情感通过声音流淌出来，我们才能真正感受到词的美感。我的范读和学生的多种形式朗读相结合，都是为了营造出一种宁静而深幽的“场”。古典诗词的“只可意会不可言传”在师生的朗读中，转而成为另一种意义上的“醉”，为音韵的美妙而醉。

熟读成诵后，我让孩子试着依照自己见过的荷塘美景填一首《如梦令》。不多时，一个如黛玉般娇弱的女生细声细气地读了自己的词：“常记六月荷塘，泛舟独赏美景。水中鱼欢喜，朵朵粉荷怒放。陶醉，陶醉，不慎跌入荷塘。”尽管平仄、押韵都不规整，但短短几分钟填出的词，读来令人忍俊不禁。

趁着孩子们的兴致，我又写下另一首词：“昨夜雨疏风骤，浓睡不消残酒。试问卷帘人，却道海棠依旧。知否，知否，应是绿肥红瘦。”读了几遍，孩子们对“浓睡不消残酒”感到不解。我便与他们讲起了李清照传奇的人生。当他们得知词人是在历尽颠沛流离的生活之后，在孤独、寂寞的心境下写了这首词，便隐约感受到了她“借酒消愁愁更愁”的无奈。

海棠花看似依旧红满枝头，实则已是绿意涌动，繁花落尽就在眼前。唐代中后期女诗人鲍君徽有词：“枝上花，花下人，可怜颜色俱青春。昨日看花花灼灼，今日看花花欲落。不如尽此花下欢，莫待春风总吹却。”词人为花而喜，为花而悲，为花而醉，为花而嗔，然而这即将凋零的春花不就是她的人生吗？“故乡何处是？忘了除非醉。”她曾是出自书香门第的大家闺秀，拥有令人羡慕的家庭，但转眼间，就经历了如此天翻地覆、令人难以承受的变故，真正是“这次第，怎一个愁字了得”！

教室里顿时变得安静了，甚至弥漫着淡淡的忧伤。孩子们用自己的心去贴近词人的心，见她所见，想她所想，与她同感。在这样的心境下，一个男生填了一首《如梦令·忆往昔》：“遥想童年往事，共赏朝霞落日。与兄同嬉戏，那年我心还稚。无知，无知，却道往昔已逝。”而班级里的一个才子，则为学校搬走的玉兰树感到惋惜，填词一首：“常记玉兰深处，叶花两不相误。而今再相逢，却见一株孤独。无助，无助，几多落花哭诉。”

叶嘉莹先生在《传统词学》一文中指出，这类本无“言志”之用心的作品，有时反而因作者的轻松解放的写作心态，而于无意中流露了作者潜意识中的某种深微幽隐的心灵之本质，而因此也就形成了小词之佳作的一种要眇深微的特美。叶先生的这段论述，从最根本上阐述了李清照《如梦令》一词的秘妙之美。我在带着孩子读诗词的过程中，尽量做到不去破坏诗词完整的意境之美。正如叶先生在《名篇词例选说》中说的，大诗人所造之境必合乎自然，所写之境必临于理想。所以只要是一篇好的诗词，其所象征至高至广，仁者见仁，智者见智，深者见深，浅者见浅，不必拘泥。其实也就是西方文学中所说，一千个读者心中有一千个哈姆雷特。

在那之后，我们还填了好几个词牌，有十六字令、菩萨蛮等。词人已乘黄鹤去，但他们留下的那种清雅的情愫却透过文字传递给了孩子。也许是我粗浅的认知，到现在，我都觉得孩子初填词，大可不必过于顾虑平仄，先讲究格律和内容。日子久了，平仄、押韵就都会有。

一转眼当年填词的孩子，迎来了他们灼灼其华的青春。这批孩子我带了六年，今年已经上了大学。暑假的时候他们相约回来看我，说得最多的话就是："臧老师，我们到现在还记得当年与您一同填词、吟诵的美好时光，您教给我们的古文基础，带我们感受那些古典诗词的美妙，我们一直受用到现在。"是的，母语学习是无止境的，中国的古典文学更是博大精深。晚唐时期司空图在《二十四诗品》中说道，乘之愈往，识之愈真。如将不尽，与古为新。我们越是深邃地体察古典诗词的无心之美，那诗意也将源源不断、泉涌不息地浸润我们。这个时代是如此需要诗歌教育的滋养，让这诗意的、审美的、优雅的情愫伴随你我，也伴随孩子走过一生的岁月。如果某一天，诗词可以成为一种生活方式，可以让中国人更加优雅地抒写心境，那些令人感动的句子能够重新从古老的时光中流淌出，那么，我心向往之。

向着明亮那方

——我的儿童阅读推广之路

甘肃省兰州市城关区雁园路小学　张阿芳

张阿芳，兰州市雁园路小学教师，兰州匠心育美工作坊核心成员，亲近母语点灯人读书会兰州分会会长。2018年“阅读改变中国”年度点灯人提名。从教二十年，除了在班级不断实践儿童阅读课程外，还跟团队每年参加大型儿童阅读推广活动数十场，阅读推广足迹遍布图书馆、书店、绘本馆和乡村教室。

我从小是一个喜欢阅读的人。最早的启蒙阅读来自父亲讲的故事。作为一名20世纪70年代出生的人，童年里没有电视，鲜有动画片，儿童读物也是罕见。每到空闲的夜晚，父亲总会讲故事给我们兄妹听，尤其是《西游记》，印象特别深刻。他每晚只讲一个章节，讲到精彩处便戛然而止，凭你怎么哀求也无济于事，只好睁着眼睛在黑暗中想象结局。现在回想起来，我的父亲不是教育家，但他知道给孩子们在阅读的路上撒下诱惑的种子。后来哥哥们借了《西游记》这本书，我排队读完，从此一发不可收拾地开始了我的阅读之旅。

二十年前，成为一名语文教师之初，我对儿童阅读的认识是模糊而懵懂的，对儿童阅读的界定也是狭隘的。我认为儿童阅读就是要多读童书，养成爱阅读的好习惯，至于读什么内容的书，怎样引导孩子读书，都一无所知。我只是在班级里倡导孩子们读读童话，看看绘本，没有书目的推荐，更没有方法的指导。直到那年……

那年盛夏，一份来自古都金陵的邀请，一纸亲近母语公益讲师的荣誉，让我备感不安，也让我备感亲切，犹如要去会见失散多年的亲人，紧张、兴奋而又不知所措。带着这样的忐忑，我踏上了旅程，一路上，脑海里一直浮现的是金子美铃的一句诗："向着明亮那方!"

在古都金陵，我和来自全国各地的老师们，享用了为期一周的阅读培训盛宴，聆听了来自全国各地的阅读导师们深刻的论说。他们时而激情演说，时而娓娓道来，时而引经据典，时而忧国忧怀……一句句、一段段，似回归、犹唤醒，将我心中那颗深埋的阅读种子点燃。

从南京回来，回归日常教学工作，我开始了真正意义上的阅读教学之旅。

一、我的班级阅读故事

初次接触吟诵，来源于我们兰州的冶海璐小朋友那清澈、悦耳的《蒹葭》。没有任何伴奏的声音，如天籁般流入耳际，让人顿时觉得这世界如此纯净、美好。我心里暗想：是什么让这孩子将《诗经》演绎得如此地道，如此古色古香?

后来，一次仓促的外出学习，让我结识了吟诵，认识了徐健顺老师、朱畅思老师和许多关注热爱吟诵的人们。吟诵，似曾相识，那么不经意，又那么顺理成章地来到我的精神世界，唤醒了我沉睡在内心深处的《诗经》情结。吟诵，像一扇被打开的窗户，所有古典文字里优美的排列组合迎面扑来。我应接不暇，才知道自己作为中文系毕业的学生，多少珍贵的东西在家长里短中被尘封，被丢失，被遗忘……

接着，我有幸加入了朱畅思老师的“从零开始吟诵”精华群，如同一位懵懂的小学生，每周二守候在电脑旁，心怀期待，倾听来自首都的声音。那声音能让人撇开尘世的繁杂，抛却工作的疲乏。就这样，我在朱老师精彩的演绎中，步入吟诵。

这样好的东西，我怎能独享？我是一位母亲，一定要将这种美好带给我的女儿。于是，我有意识地让她接触吟诵。但她的态度让我意想不到，她说：“妈妈，您别再浪费时间了，有时间您研究研究《大众菜谱》吧！”为此，我煞费苦心，但是，女儿总以沉默抗拒着。所幸的是，群里几位优秀的妈妈和博学的嘉文老师共同创建了一个网络吟诵学习班，我沉默的女儿在嘉文老师开设的第一节课上就爱上了吟诵。我内心狂喜不已，十分感谢教学有方的嘉文老师。自此，我和女儿一起迷恋着吟诵，为吟诵的一切活动忙碌并快乐着。

这种快乐很快延伸到我的课堂。我一边努力学习，一边带着我的学生开始了吟诵学习，这样做，就是希望我们祖国的传统文化之根不要就此迷失在孩子们童年的岁月里。正如叶嘉莹先生所说：“吟诵既是历代文人学子读诗读词读文普遍采用而行之有效的传统方法，又是一项自娱又娱人的高雅艺术活动。今天我们的孩子学习和研究吟诵，对于鉴赏古典文学作品，写作旧体诗词，研究民族音乐，弘扬民族优秀文化与扩大对外文化交流，都具有重要意义。”我是从蒙学课程《声律启蒙》的吟诵起步，带领孩子们步入吟诵之门的。《声律启蒙》从单字到多字的层层组对，吟诵起来如唱歌般朗朗上口。在启蒙读物中独具一格，经久不衰。再加上内容按韵分编，包罗天文、地理、花木、鸟兽、人物、器物等的虚实应对，孩子们非常喜欢。此后，我带着孩子们掌握了吟诵规则，慢慢进入诗词的吟诵。如今，我们班的孩子经过了三年的学习，积累了大量的古诗词，有几位同学参加了我市组织的诗词大会，并取得优异的成绩。同时，他们基本上都能借助吟诵，更好地去理解一首新接触到的古诗词，古诗词的鉴赏水平慢慢提高。

值得回味的是，2016 年夏，兰州的吟诵教学界迎来了属于自己的端午节！在这个端午节，北京吟诵协会主席、北京景山学校语文老师朱畅思应邀来到兰州讲学，我跟我们团队默默坚持吟诵教学的几位老师集结起来，带领我们班的孩子，参加了一次规模空前的吟诵表演。此次表演由兰州市委宣传部、市文明办、团市委和城关区委、区政府联合主办，黄河之水被引到人民广场的人工瀑布上，巨大的广告牌上写着“中华好家风，吟诵传美德”的字样，兰州的学生与家长、教师与领导都在这亲水广场上坐下，来来往往的游客都聚集在周围，场面蔚为壮观。这次活动让我再次意识到：不为名利只为理想去做一件事情，就是情怀。这次吟诵大会也告诉大众：传统文化的失落不仅是文人关心的，更应该让大众有所知晓！最好的东西并不是最流行的东西，而一次这样规模的演出则是连接大众最好的桥梁……后来，畅思老师这样评价这次活动：“一座城市，用吟诵纪念端午节，那么它就要有足够撑起一场活动开展的吟诵学校，有足够精彩的训练有素的学生，有持之以恒的教师团队，再有上下一心的合力与支持。这些，兰州无疑都有了。”经过这次活动，我的吟诵教学得到了校方的大力支持，现如今给了我一个面向全校的吟诵兴趣班，其目的也是让更多的孩子能接触吟诵。外校的孩子闻讯也在家长的陪同下来参加学习，我的课堂也由此变成了亲子课堂。看到陪伴的家长们也跟着孩子们认真学习，愉快吟诵，我心里由衷地高兴。

与此同时，我开启了孩子们真正意义上的班级整本书阅读之旅。经过不断的学习与吸收，我自己的整本书阅读教学也从刚开始的大与空，逐步走向真与实。具体做法是：

（一）共读一本书，点亮一盏灯

在班级里，全班共读一本书这种一致的行为可以帮助孩子形成共同的愿景，形成一种浓郁的氛围。这种氛围，可以帮助孩子或先或后、或快或慢地走进书中，对提升他们的阅读能力，营造良好的班级文化氛围是有好处的。我带领孩子们每月共读一本书。比如上学期我们班共读了四本书，分别是《海底隧道》《风又三郎》《想赢的男孩》和《小王子》(正在共读中)。《海底隧道》中那个经历心灵跋涉的少年，充满疑惑与烦恼的成长旅途成就了他的坚强和善良。通过读这本书，孩子们知道了什么是家国情怀，知道了如何坚毅地成长，知道了伟大的奉献和温暖的感恩……《想赢的男孩》这本书让孩子们学会如何树立信心，正确面对挫折，掌握对待挫折的办法，学会做生活的强者，努力做一个充满阳光的瓶子，照亮自己，也温暖身边的人！

（二）倡导亲子阅读，书写生命传奇

在每个晚上的阅读作业中，我倡导家长陪伴孩子读书，并在阅读微信群里转发亲子阅读的照片。我所在的学校在城乡接合部，学校大多数孩子是随父母进城的务工人员子女。这些孩子的父母对孩子的阅读重视程度与城市孩子的父母有很大的差别。其中就有家长向我提出，他的孩子不需要阅读，因为他觉得自己的孩子

连课本上的内容都学不会，读什么闲书。我告诉他，正因为孩子课本上的知识学不会，才更加需要阅读。于是家长会便成了我宣讲阅读理念的主阵地。经过一个个家长会上苦口婆心的交流、宣讲，家长们都能积极地支持孩子一个月最少读一本书的诉求。我趁热打铁，及时倡导亲子阅读。我要求，每天晚上，家长陪同孩子一起阅读。刚开始，很多家长只是完成任务，传张照片又去玩手机（这是孩子们偷偷告诉我的）。我鼓励孩子们督促家长跟自己一起读书。后来，很多家长都积极参与阅读。这让我既欣慰又感动！我们班张婷的爸爸，长得五大三粗，在读《忠犬八公的故事》时，不时抹眼泪，而这一幕正好被他的爱人抓拍到，发到了读书群里，感染了很多家长。后来开家长会的时候，他难为情地告诉我，他很喜欢跟孩子一起阅读，感慨他小时候怎么没有看到这么好的书。收到亲子阅读的照片后，我看着这一组组阅读的身影，内心感慨万千：这不就是一幅幅和谐的全家福吗？这不就是一盏盏渴望被点亮的心灯吗？这不就是一次次庄严的宣告吗？那就是：阅读改变世界！家长对阅读的热切关注与积极参与，点燃了孩子们阅读的热情，让孩子们深切体会到了阅读成长中的快乐。

如今每次拿到一本新书，我们班的孩子们都欢呼雀跃！他们虽然生活在城市的蜗居里，但在这样的蜗居里，他们可以放飞心灵，用灵魂去观望世界；有了阅读的陪伴，他们也能够祛除内心的浮躁，让一颗心沉浸在文字宁静的世界里，给心灵以慰藉和滋润，让这颗心在知识的海洋中渐渐变得丰盈、充实！

指导整本书阅读不是一日之功，不是一蹴而就的事情。我时刻与全国致力于儿童阅读的老师们交流阅读经验，根据自己班级孩子们的阅读现状进行调整和创新。我就这样一点点、一步步沉迷于儿童亲子阅读的实践之中不可自拔。在周围的许多人对自己不太理解的情况下，不忘初心、砥砺前行……

二、我与公益机构的儿童阅读推广之旅

后来，一个偶然的机会，我接到了福建“担当者行动”公益机构发出的邀请函，作为担当者行动公益阅读讲师，受邀去甘肃省宕昌县参加区域阅读领航员培训活动。这开启了我的儿童阅读推广公益之旅。在这次阅读领航活动中，我做了一节吟诵的入门课，分享了我在班级亲子阅读的故事。看到与会的老师和孩子们眼里流露出来的新奇与期盼，我知道，自己的坚持没有白费。老师和孩子们是由衷喜欢这种古老而优雅的读书方式的！我希望通过我的这节吟诵课，激发孩子们学习古诗文的兴趣，也唤醒老师们深埋于内心的古诗词情结。“以吟诵为载体，让孩子们对中华文化有切身的体验和文化认同，重建共同的民族文化根基；并在此基础上，让孩子们对自己生存的这片土地上的光荣与苦难有感知、有了解，培养他们的国家意识、家国情怀！”这是徐冬梅老师对孩子们传承传统文化最精辟的解读，也是我自己在传统文化教学中的教育追求。

2016 年 4 月份，我再一次接到了“担当者行动”的邀请函，再一次作为区域阅读领航的分享嘉宾，去甘肃省环县参加公益阅读活动。我带着一份坚持，更带着一份沉甸甸的责任，来到环县。依旧是吟诵课，依旧是班级阅读分享，但经过一年多的不断学习，自己明显感觉到这次分享在内容的厚度和广度上都有所进步。在环县，我参加了当地老师和嘉宾们的阅读沙龙。在阅读沙龙的激烈探讨中，我感触颇深：乡村教师在非常有限的条件下，对引领儿童阅读依旧充满激情！他们分享自己的阅读成果，热烈讨论阅读得失，甚至为书中的一句话，一个主人公争论不休；为孩子们一次小小的收获，一句简短的对话欣喜不已。我分明看到，儿童

阅读的种子已经在这片黄土地上深深地扎根。这，是一片充满希望的黄土地！

2016年盛夏，我又接到了“担当者行动”第四届全国阅读领航员在厦门培训的邀请函。这次是作为入组阅读导师的身份参加培训。我彻底放空自己，以一名学习者的身份接受了为期一周的培训，同来自全国的儿童阅读导师一起学习，一起探讨儿童阅读的真谛。我们一起被老马校长的胸怀深深地感染，被祖庆老师的深厚底蕴激励，被雪野老师和丁云老师的诗情画意熏陶，被更多普普通通奔忙在儿童阅读路上的老师们朴素的情怀感动着。此次盛宴，我学到了很多很多……

2017年11月，作为“担当者行动”的老志愿者，我应邀参加了金塔县“班班有个读书角”阅读导航活动，再次为那里的老师和孩子们带去我的班级亲子阅读故事和阅读经验。分享结束后，我在自己朋友圈里，写下了这样的感慨：

遇见你时，冬夜寒冷
你的话语
一面温热，一面润泽
阅读，向着远方的明亮
落足生根……
有经验地结出蜜汁的果！
急着赶路的脚印
抚平黄沙，抚平爱……
我们站起来
是该站成金塔的一片胡杨林
还是该站成一座阅读的峰

三、我与团队的儿童阅读推广之路

“独行快、众行远”，在我的阅读推广之路上，非常幸运有一个兰州本土的团队始终陪伴着我——兰州匠心育美工作坊。这是生活在兰州黄河边的一群热爱教育，具有教育情怀的人自发组织的一个团队。人员来自各个学校、各个行业。我作为团队的核心成员，经常组织团队的老师探讨阅读课程开发，关注身边儿童成长与发展，积极推动儿童阅读。工作坊在兰州市图书馆、兰州市少儿图书馆以及周边的县区图书馆、社区图书室为孩子们送去几十场高品质的儿童阅读体验，深受家长和孩子们的喜爱。作为兰州匠心育美的一名成员，我跟大家一直行进在儿童阅读的公益之路上。我为自己能影响更多的家庭而感到无比欣慰！

2016 年的暑假，我参与策划了兰州市图书馆假期阅读活动，以领读者的身份给孩子们进行了四场传统文化和绘本故事讲座，深受家长和孩子们的喜爱；同年中秋节，我接到图书馆的邀请，又做了一场与中秋相关的古诗赏析活动，在传统节日里将传统文化诗意地带给孩子们；2017 年寒假，带着团队的嘱托和孩子们对我的信任，我又来到榆中县图书馆，给县城的家长和孩子们带去亲子阅读的宣讲；2018 年 7 月，我接受了宕昌县教育局的邀请，利用双休的时间带领团队一行五人，去宕昌做了一场有五六百名老师参加的儿童阅读教师培训。之后的每个寒暑假，每个传统节日，我们团队都奔波在不同地区、不同年龄的孩子们中间，给他们带去阅读的引领和指导。

就这样，我一边努力践行儿童阅读的教学实践，跟孩子们一起成长；一边行走在儿童阅读的公益之路上，觉得自己也变成了孩童，每天都过得愉快而充实，辛苦并快乐着。

其实，我一直在深深地思索，小学语文这门学科一直饱受诟病，我自己也在“少慢费差”的困扰中挣扎了很多年，最后不得不承认，任何一种学习都不可能通过灌输达到目标，正所谓“教之而不受，虽强告之无益，譬之以水投石，必不纳也”。所以，在语文学习中，只有把孩子们带进阅读实践的滚滚河流中，他们才会拼命地掌握语言文字的技能，自动地探究语文学习的奥秘，儿童阅读课程的实践，应该能够很好地解决这个问题！

整本书课程化的路上，邀您同行

广东省深圳市南山实验教育集团南头小学　张　晶

张晶，深圳市南山实验教育集团南头小学副校长，2017年“阅读改变中国”年度点灯人，亲近母语培训师。南山区儿童阅读推广人，教科研专家工作室主持人，首批教科研共同体教师发展研究助理。2004年起步研究儿童阅读课程，主持课题引领学校整本书阅读课程化形成常态，已为全国十余个省市做阅读推广。

2004年，我参加了亲近母语首届中国儿童阅读论坛，听徐冬梅老师讲亲近母语，听岳乃红老师执教班级读书会《时代广场的蟋蟀》，听周益民老师说《小王子》，听丁筱青老师介绍儿童文学，眼前顿时一亮：原来世上还有这么好看的童书，原来语文老师还可以上这么好玩的课！回来后，我迫不及待地买书看书，并照葫芦画瓢，模仿《班级读书会ABC》开启了班级同读之旅。

为了顺利将整本书挤进课堂，我将教材教学提速，每学期至少用三分之一的时间开展班级同读。班级设置每月阅读排行榜实现阅读量的积累，以上千条博客聊书促进质的提升，以用心创建的阅读课程实现效的达成。我还定期向学生推荐好书，带着学生去书城购书，去图书馆读书，组织交换阅读……六年下来，学生自选阅读多达千余本，少则三四百本。

作为整本书阅读项目负责人，作为教学副校长，我倾力打造学校阅读环境，带领阅读教师团队，推动整本书阅读课程化。如今，团队已颇具影响力，引领着全国几十所学校开展班级共读。在“互联网+”时代，团队活跃在多个儿童阅读共读群，在线分享、远程备课，点燃各地教师热爱阅读的星星之火，让他们以燎原之势影响全国各地的学生。

用阅读，装点童年美好的回忆

阅读装点了我的童年。记得小学时，我在朋友家发现了一本《聊斋志异》。那一个个荒诞离奇的故事，读起来让我恐惧不已，却仍然爱不释手。一个阳光明媚的午后，为了给自己壮胆，我坐在太阳火辣辣地照射着的窗台上看书，似乎明亮能驱走恐惧。当看到“手起刀落，田七郎的人头落地，眼睛还在骨碌碌转动”的时候，我手中的书也随着田七郎的人头丢进了院子里，紧紧地抱住自己分辨着是处在现实中还是故事中。那种惧怕又向往的滋味，不敢读又放不下的纠结，深深地刻在童年的记忆中，成为永恒的甜蜜。

我也要用阅读装点学生的童年。为了让学生体验书香浸润的幸福，我为班级采购了一大批童书。慢慢地，学生变了！早上到校，安静地读书；中午上学，安静地读书；表彰用的奖品，最受欢迎的变成了童书；家长给孩子的鼓励变成了主动要求多给半小时读书……于是，思想品德课上，书中的故事常常信手拈来被我引用；与孩子谈心、处理矛盾，常拿故事说事儿。似乎故事中的人与事就在我们身边，成了我和孩子最有效的沟通渠道。如今，做了副校长，每次开学典礼的致辞，我仍然在讲故事，讲自编的故事，“小豆豆系列故事”就在这一次次的致辞中诞生了！

在我的阅读课里，孩子们读绘本编故事，读童诗写童诗，读童书讲童书，童话、寓言、小说、评传等题材广泛的文字进入了孩子们的生活。创编表演、创意写作，形式多样的活动丰富了孩子们的世界。有的学生不仅爱上了读书，还爱上了写书，有多个学生编写了自己的作品集。一个男孩到小学毕业，写了八个长篇故事，有的还在杂志上连载。有一次，他要把全班同学都写进他的故事中，每天看他的故事成了大家最兴奋的事。童年因为有了书香变得格外丰盈，平凡的日子因为有了文学的润泽变得格外闪烁！

用课程，重构语文教学的生态

作为主管教学的主任、副校长，我以一己之力，唤起众人同行，倾全力打造阅读环境。建立班级图书角、校园小书屋、流动借阅车等，创设触手可及的阅读环境。升旗仪式，开设每周好书推荐，鼓励各班开展故事妈妈进校园。开创阅读特色项目：年级读书会、聊书吧、教师读书会。其中，学生读书分享活动“聊书吧”成了备受学生喜爱的“读书讲坛”，已开办近百期。

在不断的探索中，我开始思考，为什么聊书课这么受学生欢迎？为什么聊书时教室少了很多旁观者？为什么聊书时，孩子们似乎格外思维敏捷、文采飞扬？也许，我们以单篇文章构成的语文课程设置是有问题的，正如叶圣陶所说：应以整本书做主体，单篇短章做辅佐。于是，我开始思考整本书阅读课程化的问题，申报课题深入研究，带领团队创建整本书阅读课程。用心创建的读书案例在专家指导下编入我校《实验学本》，共编写10册，为中央电教馆远程合作项目编写了整本书阅读指导手册。我们的整本书阅读课程，也获得南山区特色课程创新奖。

亲近母语徐冬梅老师一直强调，儿童阅读课程化是真正落实儿童阅读的必要一步。研究伊始，老师们定期分享，为每一个执教者的精彩创意拍案叫绝，为每一个学生的独到见解激动欣喜，为一本本作品的深入解读感动陶醉。探索的路上喜忧参半，我们也无数次陷入研究困境。因太过个性化，我在困惑“整本书究竟怎么教”，于是带着大家反复教研，整理共性，明确了整本书阅读推荐课、交流课、活动课、写作课、阅读手册指引课等多种课型；总结出整本书阅读交流课四环节教学范式，即学单导读—合作探究—多方互动—读写结合；整理出整本书阅读四段式教学结构，即读前推荐＋读中指引＋读后交流＋拓展延伸；总结出探寻式阅读、活动式阅读、类比式阅读、功能性阅读、共鸣性阅读、欣赏性阅读等多种课程样态。在全国核心期刊《语文教学通讯》上组织老师发表 12 个阅读案例，同步录制的 12 堂微课在《语文教学通讯》微信公众号向全国推广。录制的系列慕课《整本书阅读中写作点的设计》获得南山区首届慕课大赛特等奖，供区内教师在线选修。

渐渐地，我们实施整本书阅读越来越得心应手。老师们太想让阅读生动有趣了，丰富多彩的活动一个跟着一个，在一片眼花缭乱中，“整本书究竟读什么”成了亟待解决的问题。于是，我们走出去向先行者学习，买书回来阅读思考，请专家进来深入指导，并以小课题的方式分别就不同文体的阅读进行深入研究，还成立教师读书会，开展阅读分享、读书沙龙。终于，教学的视线聚焦到了文本深处，阅读活动不再游离于文本之外，不同的文体有了不同的教学模样。可如今，我们又走进了新的瓶颈，太过深难和复杂的设计，让老师和学生都有点拔苗助长的辛苦，“以儿童视角来思考阅读教学”成了我们新的课题。

先行者点燃的研究热情，影响着身边的每一位老师。如今，我校成功地“将课堂教学提速，把课外阅读挤进课堂”，语文课程形态发生了变革，整本书阅读成了语文课程的一部分，每学期挤出至少三分之一的时间开展整本书阅读，成了42个班级每一位老师的教学自觉。我校对阅读的重视也使得学生的阅读素养得到了社会的普遍认可。阅读课程的建设让教师迅速成长起来，团队中涌现了多位阅读骨干、各级阅读推广人以及各类阅读活动的导师。

用传递，谱写童年动人的乐章

作为中央电教馆特聘阅读指导专家，我多次到山东、甘肃、宁夏、新疆、云南等地开展阅读推广及教师培训活动。在宁夏固原这个偏远的回族地区，我和老师们一同感受着培训前的紧张茫然到培训后的热情兴奋；在新疆喀什，老师们打开视野后的激动与欣喜感染着我；在甘肃崆峒的合作备课中，我陪伴着老师们从最初的手足无措到轻松自如……一次次，一幕幕，大家被唤起的对儿童阅读的热爱深深地感染着我，也鼓励着我不断前行。每逢假期，QQ交流、远程合作、现场讲座，让我与山东、甘肃、云南、新疆、山西等50多所学校的师生共享书香的快乐。我还参加香港卫视基金会的“守护天使青藏行”公益活动，在青海推广儿童阅读，并在藏区两所小学支教助教，指导义工开展儿童阅读活动。

记得那次在云南永平上课，孩子们可能是第一次上“整本书”，充满着新奇，课堂上热情踊跃，一张张呈现着高原红的小脸，流露着质朴的热爱。课下，孩子们还围在我身边热切地交谈着。送走了学生，班主任找到我说：“张老师，特别感谢你！你左手边的小男孩是这学期刚刚转到我们班的，平时从来不主动说话，大家都觉得他有交往障碍。而这节课他发言了三次，我刚才给他妈妈打了电话，他妈妈都激动得哽咽了！”听到这席话，我也被打动了，与其说是我的执教打动了这个小男孩，不如说是整本书的魅力打动了他，打动了在场的每一个人。

作为继续教育的培训教师，我努力影响着南山教育的阅读现状，为南山教师开设儿童阅读课。我校的整本书阅读“远近闻名”，我们影响着每年都不少于20次慕名前来参观考察或跟岗学习的教育同仁，同时作为深大中文专业的实习基地影响着一期期毕业生，为深圳的教师队伍输送了无数了解儿童阅读的老师，也影响着与我们网络教研、合作备课的全国50多所学校，在影响中培养了一批批儿童阅读的传播者，而他们也在当地传递着这种传播！近年来，我随着六和公益、担当者行动、满天星公益、爱阅基金等多家公益组织的脚步，将儿童阅读传播到越来越多的乡村学校。

用行动，唤起生命美丽的绽放

2014年，在一次民办学校考察时，我发现身边竟然有这样一所学校：校舍是废弃的停车场，没有楼梯，只有盘旋向上的车道；没有操场，孩子只能分批到楼顶做操；教室里的桌椅五颜六色，由各学校淘汰下来的拼凑而成；当然，也绝对没有图书馆，学生不读书，甚至很多学生从未见过美丽的童书。原来，这是一所外来务工人员子弟学校，位于城中村，环境简陋，学生家庭收入极低。

该怎样为这些孩子尽点微薄之力呢？上几节课？培训几个老师？似乎都起不到什么作用。我想，只有阅读才能播种梦想，唤醒生命。于是，我来到了这所学校，历时两个月为其创建阅读环境。我先在南头小学发起了“书送未来　梦想启航”捐书助学活动，共募集 4 271 册童书，为其建立图书角，并策划“用学生影响学生，以教师引领教师，让学校推动学校”的系列推广活动，招募学生阅读推广大使 35 人，深入到该校各个班级做阅读分享活动，让同龄人的演讲来激发他们对阅读的热爱。如今，我们与该校建立了“公民办手拉手”合作学校关系，一直互助至今。

为引领教师阅读，我从激发阅读兴趣，到鼓励阅读行为，再到怎样开展具体阅读活动，事无巨细，精心指导。我们还开展了下单式培训，面向全体老师征集培训需求，有针对性地开展指导，确保每一位老师都愿意带着学生阅读，每一位教师都能带着学生阅读。

我很幸运，因为我遇到了儿童阅读课程，再燃教育激情。我很幸运，在我校有一群热爱阅读的伙伴，一起做着一件喜欢做的事，大家且思且行，彼此借鉴互相鼓励。我很幸福，因为我的努力带来了学生生命的丰盈，用阅读积淀满足高速发展时代对学生成长的需求！在这个“互联网 +”的时代，影响变得不再遥不可及。一个人可以走得很快，但一群人可以走得很远！我将带着我的团队在阅读推广的路上邀您同行，我们一起一定可以走得更稳、更快、更远！

做指向儿童生命成长的教育

山西省运城市稷山县教育科技局教研室　赵玉颖

赵玉颖，稷山县教育科技局教研室副主任。先后荣获“山西省教学能手”、“三晋名师”、山西省“首届优秀青年教研员”、国家“十一五”规划重点课题组专家等称号。儿童阅读推广人，亲近母语公益导师，亲近母语总课题组成员，入围2016年“阅读改变中国”年度点灯人。八年的时间，“走出去，请进来”，引领校长、教师学习先进的儿童阅读理念，致力于稷山县98所小学的书香校园建设，倾情于“让书香成为孩子们童年的记忆”。

从一开始我们做这样的事情，出发点就是想做一场真正的、为了自由呼吸的教育，而这样的教育一定是指向孩子们生命成长的。

——题记

一

从来没有觉得生命是如此地美丽，从来没有觉得教育是如此地幸福。因为儿童阅读，我看到一个县级区域内教育的改变；因为儿童阅读，我感觉到更多的教师、学生乃至家长那迸发出的前所未有的关于生命成长的激情和力量……

2002 年，我结束了十余年的语文教学生涯，来到稷山县教研室担任语文教研员。于是，深入课堂听课、评课；走近教师，磨课、研课；立足学情，改革课堂，研讨教学新模式……然而，在这样的经历中我有了新的困惑：语文学习只是满足于教师驾轻就熟的讲述吗？学生的语文素养能够在六年 12 本教科书中提高吗？怎样让孩子们逐渐爱上语文，爱上读书？学校如何系统地引导学生有质量地阅读？在找寻阅读出路的途中，我踽踽而行，步履维艰。

2009 年，我与一位朋友交谈。他是新教育实验基地校的校长，他告诉我："你应该去了解'亲近母语'……"于是，在网络、报刊上，我近似疯狂地寻找有关"亲近母语"的信息，期待着和她的美丽相遇。

2010 年，在稷山教科局提出"钢笔字进校园、诵读进课堂、创建书香校园"等关注学生综合素养提升的系列举措的大前提下，我的"儿童阅读"理念得到了局领导的肯定、赞赏与支持。4 月，我便迫不及待地带领城区五所小学的校长来到扬州，结识了徐冬梅老师和"亲近母语"。在母语大学堂，我们获得精神引领、生命指引和理念升华。于是，我们尝试着改变课堂，改变我们的教育。

二

为教育，有所为。为了更好地立足于稷山教育实际，扎实有序推进诵读阅读工作的开展，我们走在路上，且思考且践行。

2010 年 9 月，诵读进课堂计划全面展开。我与教研员牵头组织 15 批全县教师诵读达标竞赛，师生们在抑扬顿挫间体味着语言文字的曼妙，在高低起伏中感受着经典诵读的韵味。不得不说，长达三年连续十五届的诵读达标竞赛已将诵读内涵植入花蕾般稚嫩的学生心海，其后续效应则是四名小学生在全国“夏青杯”朗读大赛中获奖，这在运城市乃至山西省都是史无前例的。

诵读的推广为我们做好县域内阅读打开了一扇窗。然而，阅读之路并非一帆风顺，要想做好一个区域的阅读谈何容易！很多老师不理解，不愿意尝试、改变，怎么办？我意识到首先要转变教师的理念，用专业的理论支撑、科学的策略研究、专家的引领点拨去启迪、引导、改变他们！

八年的时间，我从最初的带领 7 人到 12 人、18 人、32 人、54 人，到之后的 83 人参加亲近母语中国儿童阅读论坛。多次的经费申请，数次奔波的辛苦，甚至旅途的安全有时让我殚精竭虑。然而，母语的这艘巨轮令我如此神往，我坚守的信念一刻也不曾削减！从城区到乡村，从中心校长到小学校长再到骨干教师……扩大区域，增加人数，我和我的团队上百人走进南京、走进正谊书院、走进维扬……深夜的列车上，我们搜集问题，探讨策略，不曾觉得有丝毫的疲惫……我们带回了图画书教学的全新理念，把阅读的种子带回了家。之后，我们下发一系列关于“推进阅读教学，创建书香校园”的方案文件。至此，稷山县阅读工作全面有序铺开。

我们的阅读之旅经历了一个由点到面的过程，要想大范围改变广大教师尘封的理念，沿途最美丽的风景就是让教师读书。于是，《让每一个儿童都成为读者》《如何阅读一本书》《朗读手册》等相关书籍下发到了教师手中。有了理论的支撑，有了书籍的陪伴，老师们的困惑和迷茫在减少，信心和力量在增加。

三

用爱做教育，给孩子一辈子有用的东西。

在这几年里，我带领我的团队制定了《稷山县小学生分级阅读书目》。2015 年 9 月，结合亲近母语分级书目，再次加以调整，避免了学生无书可读或学校家长盲目购书的状况。仅一年时间，全县 11 个中心校，95 所小学先后为学生购买图书总量达 50 余万册，生均 18 本以上。学生每年自购图书达 10 本以上。此外，不少学校建起了高标准的图书馆、绘本馆，给师生提供了温馨舒适的读书环境。在大量购置纸质图书的基础上，我带领团队从 2 000 多部电子绘本中，为全县各校推荐下载了 800 本精品绘本。所有这一切，只是想拉近孩子们与书的距离，让阅读的种子在每座校园落地生根！

结缘亲近母语，并不只是一次美丽的邂逅，而是生命中不可或缺的一次次引领。对于我们这个小县城来说，大多数老师很少有机会走出去。于是我有了新的想法："把专家请进来！"向领导申请，与专家联系，精心安排各项事宜。2014 年，徐冬梅老师来稷山了，她把"母语"这个词深深植入 1 500 余名教师的心里；2015 年暑期，岳乃红、余耀、孔晓艳三位老师来稷山了，他们把整本书阅读、图画书教学、日有所诵的策略和方法教给了我们……每一次指导与讲座都仿佛在老师心中种下了一粒"安的种子”，等待着千年雪莲的绽放。有人说，我们是一群疯子，我却欢喜和欣慰于这样的称谓。是啊，为阅读，我们甘愿如此！时至今日，所有的困惑、所有的质疑像是三月的冰河慢慢地解冻了，我仿佛听到了冰消雪融的声音，仿佛看到了花蕾绽放的景象。这一刻，我更加坚信跟进“亲近母语”是对的，力推儿童阅读是对的！

儿童阅读从基层做起，我深入全县的每个小学，整体指导阅读工作，从活动的开展到课型的研究，从实地教研到网络教研，夜以继日，沉浸其中，不知疲倦。各中心校的阅读 QQ 群中，我与老师们常常聊至深夜：交流单的设计、读书会的环节、学校读书活动的内容，等等，我们探讨着一天的收获及感受。在我的带动下，蔡村、翟店两个中心校和城区东街小学一起申报成为亲近母语课题实验校，我也有幸加入了公益讲师团队。

我们的课题校结成阅读联盟，交流问题，分享经验，推出课型，展示成果。在实施图画书、整本书、诵读、主题阅读四大阅读课程的基础上，我们先后研发推出了“《日有所诵》单元通讲”“童诗童谣熟读成诵”“班级读书交流会”“整本书导读”“图画书阅读”“图画书写作”“主题图画书读写联动”等 14 种丰富多彩的阅读课型，建立阅读资源库。

四

阅读之路丰盈而美丽，在阅读实践的路上，我从来没有忘记自己的角色，我愿做一个研究者，更愿做一个推广人。

这几年，我们相继在蔡村中心校、稷王小学、东街小学、化峪中心校等召开阅读现场会、推进会，通过团队引领，推进实施阅读课程，激发课程参与热情。七轮阅读现场会，从团队人员到校领导班子，从课程建设到策略实施，所有教育人尽心竭力，在每个奋进的时光中，我们欣喜地触摸到了生命拔节的力量。

当我们的老师惬意地享受“每日一写、每日一诵”所带来的快乐时光，当我们的孩子习惯于“晨诵、午读、暮省”，当我们的校园“春华秋实，处处有书香”，我们的诵读、儿童阅读俨然已经成了一种文化，而这种文化的形成，离不开七年的坚持与创新……那一刻，我想我推广的不仅仅是方法、策略，而是一种精神，一种传播儿童阅读的追求和信仰，一种打好人生底色的终极关怀！

八年的时间，说短不短，说长不长。八年的时间，从无到有，从有形到有意，从入格到出格，充实、寂静，生机盎然，我们走过了一段幸福的旅程。

五

有一种力量叫坚持，有一种责任叫点灯。不知道什么时候起，每一位稷山教育人开始喜欢这样的一个称谓——点灯的人。我们这样说着，也就这么做了。

白日不到处，青春恰自来。苔花如米小，也学牡丹开。幸福总是伴着汗水而来，小小的种子，终究生根发芽。

2016 年至今，我与我们的阅读公益团队先后在稷山、河津乃至甘肃、河南、四川、南京等地做阅读推广活动，把阅读的种子撒向周边县市，撒向大江南北；2018 年 4 月，第十四届中国儿童阅读论坛，阅读团队来鹏俊老师与梁俊老师带孩子们吟唱《苔》，来鹏俊、宁慧敏两位老师与台湾著名儿童诗人张晓风先生同台诵读展示；2018 年 7 月，阅读团队来鹏俊、宁风良、宁慧敏、贾晓娜四位教师进入“亲近母语”培训师行列，七位教师入围“星星点灯”种子教师计划……

于是，在很多时候，我常常在想：什么是阅读最好的模样？我告诉自己，应该是手捧书本的每个人，眼里散发着光芒。那些被文字点化的生命，静默而不张扬，潜滋暗长成亭亭华盖。他们于岁月的风雨场里，散发着静谧而坚定的磁场和力量！

穿过生命散发的芬芳，遇见所有的美好，每一刻都是清香，每一刻都是感动。我一直在思考：如何以每次的阅读推进会为契机，吸引更多的校长教师加入点灯人的行列，推动全县乃至周边地区儿童阅读工作的再深入？如何以每次的阅读推进会为契机，使更多的农村学校获得策略和方法，使阅读工作更科学、更有效？

其实，很多时候我们这些点灯人就像金子美铃在《星星和蒲公英》诗中所说：蓝蓝的天空深不见底/就像小石头沉在大海里/直等到夜幕降临/白天的星星　眼睛看不见/看不见它却在那里/有些东西我们看不见……儿童阅读这件事我们一直在做，而且要继续做下去，把它做好。可能在做儿童阅读的路上，有时候我们做的事情，别人看不见，但不管见与不见，做了，它就在那里；做了，它就会散发出光芒；做了，它就会生发出强健的根，就会在某个春天迸发出勃勃的生机！

是呀，我们都愿意做自性光明的点灯人。也许，许多年以后，当孩子们翻开童年记忆的时候，那里不再是荒漠，而是一大片蔚然的绿意和满地的书香！

图书在版编目(CIP)数据

点灯人说／亲近母语研究院编选. —桂林：广西师范大学出版社，2020.6

（点灯人丛书）

ISBN 978－7－5598－2030－3

Ⅰ. ①点… Ⅱ. ①亲… Ⅲ. ①阅读课－教学研究－小学 Ⅳ. ①G623.232

中国版本图书馆 CIP 数据核字(2019)第 158537 号

出 品 人：刘广汉

责任编辑：卢　义

项目编辑：孙羽翎

装帧设计：李婷婷

广西师范大学出版社出版发行

（广西桂林市五里店路9号　　邮政编码：541004
网址：http://www.bbtpress.com）

出版人：黄轩庄

全国新华书店经销

销售热线：021－65200318　021－31260822－898

山东韵杰文化科技有限公司印刷

（山东省淄博市桓台县桓台大道西首　邮政编码：256401）

开本：890mm×1 240mm　1/32

印张：7.25　　字数：172 千字

2020 年 6 月第 1 版　　2020 年 6 月第 1 次印刷

定价：45.00 元
